ドイツ語分類単語集

Deutsch für alltägliche Situationen

新保　雅浩　編
草本　晶

まえがき

　本書は日常生活で直面しそうな語彙を分野別に分類した関連語彙集である。関連のない語彙をバラバラに機械的に暗記するよりは，ある場面，分野ごとに関連する語彙をまとめて覚えたほうがより効率的実際的である，との考えから本書を編んでみた。本書では紙面に制限があるため，日常頻繁に使用されそうな分野を14項目に大別し，さらに中項目，小項目に分類した。経済，法律，文学，科学などの専門的用語や抽象的な概念語は思い切って割愛することにした。このような語彙をこなすには専門的な知識が前提となるであろうし，本書は特定の専門家ではなく，日常的語彙を必要とするドイツ語の初学者を主として想定しているからである。本書を編むにあたっては特に次のような点を心がけた。

1　専門用語や抽象的語彙を割愛した代わりに，ドイツの日常生活で必要となりそうな分野（衣，食，住，旅行，趣味，病気，買い物等）の語彙はやや詳しくし，旅行中にでも手軽に使える関連語彙集の性格を強調した。

2　各大，中項目のあとに，簡単な会話パターンを示した。単語を入れ替えれば，文と単語を同時に覚えることができる，使える語彙集である。

3　目指す語彙が日本語で直ちに引けるよう総語彙索引を充実させた。

4　動詞表現は原則として不定詞句を示した。

　本書は，ドイツ語の関連語彙を実際の場で，文の中で覚

まえがき

えてもらうことを主眼としている。本書の会話パターン以外の会話教材をも利用して効率よく関連語を覚えていただきたい。

　上記は，新保雅浩先生が急逝される以前に本書のために草案された前書きです。そこに記されているように，本書は，身近ではあるけれど一般的な単語集では取り上げられにくい語彙に重点を置いて分野別に並べた単語集です。そのため，取り上げた分野には偏りがありますが，実際の生活や会話に活かされるはずとあえてこの形をとることにしました。収録語数は約6,000，ドイツ語は新正書法にならって記述しています。

　最後になりましたが，本書を出版する機会を与えてくださった新保武子さま，大学書林の佐藤政人氏，また励まし協力くださった多くの方々に深く感謝いたします。

2002年2月

草本　晶

目　　次

1. 人とつながり ……………………………………… 1
   - （1） 家族，親族，人間関係 ……………………… 1
   - （2） 人の一生 ……………………………………… 4
   - （3） 職業 …………………………………………… 8
2. 住まいと生活 ……………………………………… 11
   - （1） 住まい ………………………………………… 11
   - （2） 生活 …………………………………………… 19
     - ① 家計 ………………………………………… 19
     - ② 家事 ………………………………………… 20
     - ③ 工具 ………………………………………… 25
     - ④ 子育て ……………………………………… 26
3. 衣服 ………………………………………………… 28
   - （1） 洋服 …………………………………………… 28
   - （2） 下着類 ………………………………………… 32
   - （3） 帽子 …………………………………………… 33
   - （4） 靴 ……………………………………………… 34
4. 食文化と酒類 ……………………………………… 37
   - （1） 食事 …………………………………………… 37
   - （2） 軽食・レストラン …………………………… 39
   - （3） 食器 …………………………………………… 44
   - （4） 食料品 ………………………………………… 45
   - （5） 野菜 …………………………………………… 50
   - （6） 果物 …………………………………………… 52
   - （7） 酒場・バー …………………………………… 53
5. ショッピング ……………………………………… 56
   - （1） 買い物・商店 ………………………………… 56

目 次

- （2） 化粧品 …………………………………… 59
- （3） 美容院・理髪店 ………………………… 60
- （4） 宝石・アクセサリー …………………… 61
- （5） 時計・眼鏡 ……………………………… 64
- （6） 革製品・鞄 ……………………………… 66
- （7） 出版物 …………………………………… 67
- （8） 電化製品 ………………………………… 72
- （9） コンピュータ …………………………… 75
- （10） タバコ …………………………………… 78
- 6．観光と交通機関 ……………………………… 79
  - （1） 町・都市 ………………………………… 79
    - ① 市街地 ………………………………… 79
    - ② 道路 …………………………………… 82
  - （2） 旅行・観光 ……………………………… 84
    - ① 旅行・観光 …………………………… 84
    - ② ホテル・ユースホステル …………… 85
    - ③ 郵便 …………………………………… 88
    - ④ 電話 …………………………………… 90
    - ⑤ 銀行 …………………………………… 92
  - （3） 陸の旅 …………………………………… 94
    - ① 鉄道 …………………………………… 94
    - ② 自動車 ………………………………… 99
    - ③ バス・タクシー ………………………104
    - ④ 自転車 …………………………………106
  - （4） 船の旅 ……………………………………107
  - （5） 空の旅 ……………………………………109
- 7．趣味とスポーツ ………………………………112
  - （1） 趣味 ………………………………………112
    - ① 写真 ……………………………………113

目　次

　　② トランプ ……………………………………115
　　③ 釣り ………………………………………116
　　④ 園芸・ガーデニング ……………………117
　（2） スポーツ …………………………………119
　　① テニス ……………………………………122
　　② 登山・アウトドア ………………………123
　　③ サッカー …………………………………125
　　④ 馬術 ………………………………………127
　　⑤ 陸上競技 …………………………………128
　　⑥ 水泳 ………………………………………129
　　⑦ スキー・スケート ………………………130
　　⑧ ダンス ……………………………………132
　　⑨ 体操 ………………………………………133
8．芸術 ……………………………………………134
　（1） 音楽 ………………………………………134
　（2） 美術 ………………………………………139
　（3） 演劇 ………………………………………142
　（4） 映画 ………………………………………145
9．学校と教育 ……………………………………148
　（1） 教育機関 …………………………………148
　（2） 学校生活 …………………………………150
　（3） 教科 ………………………………………153
　（4） 文房具 ……………………………………155
10．身体と医療 ……………………………………158
　（1） 身体 ………………………………………158
　（2） 病気 ………………………………………163
　（3） 病院 ………………………………………168
　（4） 薬局 ………………………………………172
11．生物と地誌 ……………………………………174

目 次

- （1） 生物 …………………………………………174
  - ① 動物 …………………………………………174
  - ② 植物 …………………………………………178
  - ③ 魚類 …………………………………………183
  - ④ 鳥 ……………………………………………185
  - ⑤ 虫 ……………………………………………187
- （2） 地誌 …………………………………………188
  - ① 天体 …………………………………………188
  - ② 山岳・海洋・河川・鉱物 …………………190
  - ③ 気象・気候 …………………………………195
  - ④ 環境問題 ……………………………………198
- 12. 四季，暦，祭り …………………………………200
- 13. 国籍，国名，民族，言語 ………………………205
- 14. 数字と図形 ………………………………………213

索引 ……………………………………………………219

凡　　例

　名詞は，男・中・女で名詞の性を表し，複は複数名詞であることを示す。／の左には単数2格形が，同じく右には複数形が記号で表されている (Vater：-s → Vaters；Kosmetikum：...ka → Kosmetika等)。

　動詞を含む表現および文型は，不定詞または不定詞句の形であげた。また，行頭を一字分下げることで目立つようにしてある。分離動詞は，前綴りと基礎動詞の間に分離線（｜）が入っている。文型中の略記号は以下の通り：et.^{1} → 事物の1格, et.^{3} →事物の3格, et.^{4} →事物の4格, jm.→人の3格, jn.→人の4格, sich^3→再帰代名詞3格, sich^4→再帰代名詞4格。

　形容詞および副詞は，品詞を特に明記していない。

参　考　文　献

本書の編集に際しては，主として以下の文献を参考にした。

Duden. Deutsches Universalwörterbuch. 3., neu bearbeitete und erweiterte Auflage. Mannheim/Leipzig/Wien/Zürich 1996

Duden. Bildwörterbuch der deutschen Sprache (Der Duden in 10 Bänden; Bd.3). 3., vollständig neu bearbeitete Auflage. Mannheim/Wien/Zürich 1977

The Oxford Duden German Dictionary, German-English English-German. Oxford 1990

『地球の歩き方・旅の会話集4　ドイツ語／英語』ダイヤモンド社 1996

『ベルリッツ海外旅行会話ブック3　ドイツ語』丸善株式会社　1996

1．人とつながり

(1) 家族，親族，人間関係

家族	Familie 女 -/-n
家庭	Familie 女 -/-n
	Haushalt 男 -(e)s/-e
わが家	Zuhause 中 -(s)/
親・両親	Eltern 複
父	Vater 男 -s/Väter
母	Mutter 女 -/Mütter
子供	Kind 中 -(e)s/-er
息子	Sohn 男 -(e)s/Söhne
娘	Tochter 女 -/Töchter
兄弟姉妹	Geschwister 複
兄・弟	Bruder 男 -s/Brüder
姉・妹	Schwester 女 -/-n
夫婦	Ehepaar 中 -(e)s/-e
夫	Mann 男 -(e)s/Männer
	Ehemann 男 -(e)s/...männer
妻	Frau 女 -/-en
	Ehefrau 女 -/-en
配偶者	Ehepartner 男 -s/
婿	Schwiegersohn 男 -(e)s/...söhne
嫁	Schwiegertochter 女 -/...töchter
義父・しゅうと	Schwiegervater 男 -s/...väter
義母・しゅうとめ	Schwiegermutter 女 -/...mütter
義兄・義弟	Schwager 男 -s/Schwäger
義姉・義妹	Schwägerin 女 -/-nen
主婦	Hausfrau 女 -/-en
未亡人・やもめ	Witwe 女 -/-n

1．人とつながり

男やもめ	Witwer 男 -s/-
親戚	Verwandte 男・女 ＜形容詞的変化＞
伯父・叔父	Onkel 男 -s/-
伯母・叔母	Tante 女 -/-n
従兄弟	Cousin 男 -s/-s
従姉妹	Cousine 女 -/-n
	Kusine 女 -/-n
甥	Neffe 男 -n/-n
姪	Nichte 女 -/-n
継父	Stiefvater 男 -s/...väter
継母	Stiefmutter 女 -/...mütter
継子	Stiefkind 中 -(e)s/-er
里親	Pflegeeltern 複
養父母	Adoptiveltern 複
養子	Adoptivsohn 男 -(e)s/...söhne
養女	Adoptivtochter 女 -/...töchter
養子にする(…を)	jn. adoptieren
先祖	Vorfahr 男 -en/-en
	Vorfahre 男 -n/-n
祖父母	Großeltern 複
祖父	Großvater 男 -s/...väter
祖母	Großmutter 女 -/...mütter
曾祖父母	Urgroßeltern 複
子孫	Nachkomme 男 -n/-n
孫	Enkel 男 -s/-
	Enkelkind 中 -(e)s/-er
孫息子	Enkelsohn 男 -(e)s/...söhne
孫娘	Enkeltochter 女 -/...töchter
ボーイフレンド	Freund 男 -(e)s/-e
ガールフレンド	Freundin 女 -/-nen

1．人とつながり

デートする(…と)	mit jm. aus|gehen
	ein Rendezvous mit jm. haben
恋人	Freund 男 -(e)s/-e
	Freundin 女 -/-nen
情夫・情婦	Geliebte 男・女 ＜形容詞的変化＞
友人・友達	Freund 男 -(e)s/-e
親友	guter Freund 男
	bester Freund 男
友情	Freundschaft 女 -/＜ふつう単数で＞
仲間	Freunde 複
	Kamerad 男 -en/-en
同級(同窓)生	Schulkamerad 男 -en/-en
学友	Kommilitone 男 -n/-n
同僚	Kollege 男 -n/-n
	Mitarbeiter 男 -s/-
上司	Vorgesetzte 男・女 ＜形容詞的変化＞
	Chef 男 -s/-s
	Chefin 女 -/-nen
部下	Untergebene 男・女 ＜形容詞的変化＞
知人・知り合い	Bekannte 男・女 ＜形容詞的変化＞
知り合う(…と)	jn. kennen lernen
隣人・近所の人	Nachbar 男 -n(-s)/-n
隣り近所	Nachbarschaft 女 -/-en
人類	Menschheit 女 -/
人間	Mensch 男 -en/-en
男	Mann 男 -(e)s/Männer
女	Frau 女 -/-en
男性の	männlich
女性の	weiblich

― 3 ―

1. 人とつながり

会話パターン 1

A : Ich wusste nicht, dass du einen Bruder hast.
B : Ja, ich habe einen Bruder.
A : Er sieht gut aus !
B : Wer ?
A : Dein Bruder !
B : Nein, das ist nicht mein Bruder, sondern mein Vater.
A : Wirklich ? Er sieht aber jung aus !

A : お兄さんがいるなんて知らなかったわ。
B : うん，兄は一人いるよ。
A : すてきな人ね！
B : 誰が？
A : あなたのお兄さんよ。
B : いや，あれは兄じゃなくて父だよ。
A : 本当に？　それにしても若く見えるわ！

(2) 人の一生

生涯・人生・命	Leben 中 -s/-
年齢	Alter 中 -s/-
世代	Generation 女 -/-en
20歳である	20 Jahre alt sein
誕生・出産	Geburt 女 -/-en
誕生日	Geburtstag 男 -(e)s/-e
子供ができる	ein Baby bekommen
生まれる	geboren werden
	zur Welt kommen
成長する・育つ	auf|wachsen

― 4 ―

1．人とつながり

育てる	jn. groß	ziehen
	jn. auf	ziehen
赤ん坊	Baby 中 -s/-s
	Säugling 男 -s/-e
子供	Kind 中 -(e)s/-er
子供時代	Kindheit 女 -/
少年	Junge 男 -n/-n
少女	Mädchen 中 -s/-
思春期	Pubertät 女 -/
ティーンエイジャー	Teenager 男 -s/-
青春期(時代)	Jugend 女 -/
	Jugendzeit 女 -/-en
若者・青少年	Jugendliche 男・女 ＜形容詞的変化＞
若い	jung
未成年の	minderjährig
成年の	volljährig
大人	Erwachsene 男・女 ＜形容詞的変化＞
求婚・プロポーズ	Heiratsantrag 男 -(e)s/...träge
プロポーズする(…に)	jm. einen Heiratsantrag machen
婚約	Verlobung 女 -/-en
婚約する(…と)	sich⁴ mit jm. verloben
婚約者・いいなずけ	Verlobte 男・女 ＜形容詞的変化＞
婚約指輪	Verlobungsring 男 -(e)s/-e
結婚	Heirat 女 -/-en
	Ehe 女 -/-n
	Eheschließung 女 -/-en

1. 人とつながり

結婚する(…と)	jn. heiraten
	jn. zur Frau (zum Mann) nehmen
結婚式・婚礼	Hochzeit 囡 -/-en
	Trauung 囡 -/-en
新郎・花婿	Bräutigam 男 -s/-e
新婦・花嫁	Braut 囡 -/Bräute
仲人・立会人	Trauzeuge 男 -n/-n
結婚指輪	Trauring 男 -(e)s/-e
	Ehering 男 -(e)s/-e
ウェディングドレス	Brautkleid 中 -(e)s/-er
	Hochzeitskleid 中 -(e)s/-er
ウェディングケーキ	Hochzeitskuchen 男 -s/-
ウェディングブーケ	Brautbukett 中 -(e)s/-s, -e
披露宴	Hochzeitsfeier 囡 -/-n
新婚旅行	Hochzeitsreise 囡 -/-n
新婚夫婦	Neuvermählte 複
既婚の	verheiratet
独身の	unverheiratet
	ledig
離婚	Scheidung 囡 -/-en
離婚する(…と)	sich⁴ von jm. scheiden lassen
銀婚式	Silberhochzeit 囡 -/-en
金婚式	die goldene Hochzeit 囡
中年	ein Mann/eine Frau mittleren Alters
老年期	Alter 中 -s/-
年配の人・老人・年寄り	ältere Leute 複
	Senioren 複
年老いた	alt
定年	Altersgrenze 囡 -/-n

1．人とつながり

長寿・長生き	Langlebigkeit 女 -/
長生きする	lange leben
死	Tod 男 -(e)s/-e ＜ふつう単数で＞
死ぬ	sterben
葬儀・葬式	Trauerfeier 女 -/-n
埋葬	Beerdigung 女 -/-en
宗教	Religion 女 -/-en
キリスト教徒	Christ -en/-en
カトリック教徒	Katholik 男 -en/-en
プロテスタント	Protestant 男 -en/-en
仏教徒	Buddhist 男 -en/-en
イスラム教徒	Moslem 男 -s/-s
ヒンズー教徒	Hindu 男 -(s)/-(s)
ユダヤ教徒	Jude 男 -n/-n
神道信者	Schintoist 男 -en/-en
墓地	Friedhof 男 -(e)s/...höfe
墓	Grab 中 -(e)s/Gräber
墓石	Grabstein 男 -(e)s/-e
天国	Himmel 男 -s/-
楽園	Paradies 中 -es/-e ＜ふつう単数で＞
地獄	Hölle 女 -/-n ＜ふつう単数で＞
天使	Engel 男 -s/-
悪魔	Teufel 男 -s/-
神	Gott 男 -(e)s/Götter
女神	Göttin 女 -/-nen
ブッダ	Buddha ＜固有名詞＞
仏像	Buddha 男 -s/-s

— 7 —

1. 人とつながり

会話パターン 2

A : Herzlichen Glückwunsch zu Ihrem Geburtstag! Und vielen Dank für die Einladung.
B : Danke sehr! Es freut mich sehr Sie zu sehen. Wie geht es Ihnen?
A : Danke, gut. Und Ihnen?
B : Danke, auch gut. Kommen Sie bitte rein!
...
A : Vielen Dank für den schönen Abend. Grüßen Sie bitte Ihre Frau von mir! Auf Wiedersehen!
B : Auf Wiedersehen! Kommen Sie gut nach Hause!

A : お誕生日おめでとうございます。そしてお招きいただきありがとうございます。
B : どうもありがとう。お会いできてとてもうれしいです。ごきげんいかがですか？
A : 元気です。そしてあなたは？
B : 私も元気です。どうぞ中に入ってください。
...
A : すてきな晩をありがとうございました。奥様に私からよろしくお伝えください。さようなら。
B : さようなら。気をつけてお帰りください。

(3) 職業

職業	Beruf 男 -(e)s/-e
会社員・サラリーマン	Angestellte 男・女 <形容詞的変化>
弁護士	Anwalt 男 -(e)s/Anwälte Anwältin 女 -/-nen

— 8 —

1．人とつながり

医者	Arzt 男 -es/Ärzte
	Ärztin 女 -/-nen
政治家	Politiker 男 -s/-
	Politikerin 女 -/-nen
銀行員	Bankangestellte 男・女 ＜形容詞的変化＞
公務員	Beamte 男 ＜形容詞的変化＞
	Beamtin 女 -/-nen
本屋	Buchhändler 男 -s/-
肉屋	Fleischer 男 -s/-
	Metzger 男 -s/-
魚屋	Fischhändler 男 -s/-
漁師	Fischer 男 -s/-
八百屋	Gemüsehändler 男 -s/-
パン屋	Bäcker 男 -s/-
大工	Zimmermann 男 -(e)s/...leute
理髪師・床屋	Frisör 男 -s/-
	Friseur 男 -s/-
美容師	Frisöse 女 -s/-
	Friseuse 女 -/-n
スチューワデス	Stewardess 女 -/-en
エンジニア	Ingenieur 男 -s/-e
ジャーナリスト	Journalist 男 -en/-en
	Journalistin 女 -/-nen
デザイナー	Designer 男 -s/-
	Designerin 女 -/-nen
農夫	Bauer 男 -n (-s)/-n
	Bäuerin 女 -/-nen
農場主	Landwirt 男 -(e)s/-e
	Landwirtin 女 -/-nen
教師	Lehrer 男 -s/-
	Lehrerin 女 -/-nen

1. 人とつながり

教授	Professor 男 -s/-en
	Professorin 女 -/-nen
警官	Polizist 男 -en/-en
	Polizistin 女 -/-nen
秘書	Sekretär 男 -s/-e
	Sekretärin 女 -/-nen
商人	Kaufmann 男 -(e)s/...männer, ...leute
	Kauffrau 女 -/-en
店員	Verkäufer 男 -s/-
	Verkäuferin 女 -/-nen
見習い・実習生	Lehrling 男 -s/-e
アルバイトする	jobben

<u>会話パターン 3</u>

A：Was sind Sie von Beruf？
B：Ich bin Angestellter.
A：Und wo arbeiten Sie？
B：Ich arbeite bei einer Handelsfirma in Berlin.
A：Ich bin noch nie in Berlin gewesen.
B：Kommen Sie mal bei mir vorbei, wenn Sie Zeit haben！
　　Ich kann Ihnen die Stadt zeigen.
A：Danke schön. Das ist sehr nett von Ihnen.

A：ご職業は何ですか。
B：私はサラリーマンです。
A：どこでお仕事してるんですか。
B：私はベルリンで商社に勤めています。
A：私はまだベルリンに行ったことがないんです。
B：お時間があったらぜひ私のところに立ち寄ってください。
　　町を案内しますよ。
A：ありがとうございます。ご親切に。

2. 住まいと生活

(1) 住まい

住居・住宅	Wohnung 囡 -/-en
家	Haus 囲 -es/Häuser
貸家	Miet(s)haus 囲 -es/...häuser
	Mietwohnung 囡 -/-en
マンション・アパート	Wohnung 囡 -/-en
	Wohnhaus 囲 -es/...häuser
下宿・寮	ein (möbliertes) Zimmer 囲
	Wohnheim 囲 -(e)s/-e
	Internat 囲 -(e)s/-e
別荘	Sommerhaus 囲 -es/...häuser
	Landhaus 囲 -es/...häuser
	Villa 囡 -/Villen
長屋式住居	Reihenhaus 囲 -es/...häuser
一戸建て・一軒家	Einfamilienhaus 囲 -es/...häuser
二世帯住宅	Zweifamilienhaus 囲 -es/...häuser
3階建ての家	dreistöckiges Haus 囲
木造住宅	Holzhaus 囲 -es/...häuser
	Holzbau 男 -(e)s/-ten
鉄筋コンクリート建築	Stahlbetonbau 男 -(e)s/-ten
ビルディング	Hochhaus 囲 -es/...häuser
門	Tor 囲 -(e)s/-e
車庫	Garage 囡 -/-n
中庭	Hof 男 -(e)s/Höfe
部屋	Zimmer 囲 -s/-
屋根裏部屋	Dachboden 男 -s/...böden
物置(部屋)	Abstellkammer 囡 -/-n
地下(貯蔵)室	Keller 男 -s/-

― 11 ―

2. 住まいと生活

階	Stockwerk 中 -(e)s/-e
	Etage 女 -/-n
	Stock 男 -(e)s/- (-werke)
一階	Erdgeschoss 中 -es/-e
二階	erster Stock 男
	erste Etage 女
中二階	Zwischengeschoss 中 -es/-e
階段	Treppe 女 -/-n
手すり(階段の〜)	Handlauf 男 -(e)s/...läufe
	Geländer 中 -s/-
踊り場	Treppenabsatz 男 -es/...sätze
段(階段の〜)	Stufe 女 -/-n
上る(階段を〜)	eine Treppe hinauf｜gehen
下りる(階段を〜)	eine Treppe hinunter｜gehen
エスカレーター	Rolltreppe 女 -/-n
廊下	Korridor 男 -s/-e
	Flur 男 -(e)s/-e
壁	Wand 女 -/Wände
外壁	Mauer 女 -/-n
柱	Pfeiler 男 -s/-
	Säule 女 -/-n
天井	Decke 女 -/-n
床	Fußboden 男 -s/...böden
	Boden 男 -s/Böden
窓	Fenster 中 -s/-
窓ガラス	Fensterscheibe 女 -/-n
ステンドグラス	Glasmalerei 女 -/
戸・ドア	Tür 女 -/-en
セントラルヒーティング	Zentralheizung 女 -/-en
ストーブ	Ofen 男 -s/Öfen
暖炉	Kamin 男 (スイス：中) -s/-e

2．住まいと生活

煙突	Schornstein 男 -(e)s/-e
	Kamin 男 (スイス：中) -s/-e
ブラインド	Jalousie 女 -/-n
鎧戸・雨戸	Fensterladen 男 -s/...läden
ベランダ	Veranda 女 -/...den
バルコニー	Balkon 男 -s/-s (-e)
テラス	Terrasse 女 -/-n
屋根	Dach 中 -(e)s/Dächer
瓦屋根	Ziegeldach 中 -(e)s/...dächer
玄関	Haustür 女 -/-en
	Eingang 男 -(e)s/...gänge
玄関ホール	Hausflur 男 -(e)s/-e
	Diele 女 -/-n
表札	Namensschild 中 -(e)s/-er
	Türschild 中 -(e)s/-er
表札を出す	ein Türschild an|bringen
郵便受け	Briefkasten 男 -s/...kästen
ベル・呼び鈴	Klingel 女 -/-n
ベル(呼び鈴)をならす	klingeln
ノックする(ドアを〜)	an die (der) Tür klopfen
のぞき穴	Guckloch 中 -(e)s/...löcher
錠・錠前	Schloss 中 -es/Schlösser
鍵	Schlüssel 男 -s/-
鍵をかける(ドアの〜)	die Tür ab|schließen
鍵を開ける(ドアの〜)	die Tür auf|schließen
傘立て	Schirmständer 男 -s/-
傘	Schirm 男 -(e)s/-e
ステッキ・杖	Stock 男 -(e)s/Stöcke
靴箱・下駄箱	Schuhschrank 男 -(e)s/...schränke
コートかけ	Kleiderhaken 男 -s/-
ハンガー	Kleiderbügel 男 -s/-
クローゼット	Garderobe 女 -/-n

2．住まいと生活

居間・リビング	Wohnzimmer 中 -s/-
客間・応接間	Empfangszimmer 中 -s/-
家具	Möbel 中 -s/- (オーストリア・スイス：-s/-(n))
ガラス戸棚	Vitrine 女 -/-n
マガジンラック	Zeitungsständer 男 -s/-
テーブル	Tisch 男 -(e)s/-e
	Couchtisch 男 -(e)s/-e
テレビ	Fernsehapparat 男 -(e)s/-e
	Fernseher 男 -s/-
ビデオデッキ	Videorekorder 男 -s/-
ステレオセット	Stereoanlage 女 -/-n
肘掛け椅子・安楽椅子	Sessel 男 -s/-
クッション	Kissen 中 -s/-
ソファー・長椅子	Sofa 中 -s/-s
	Couch 女 (スイス：男) -/-es (-en)
ロッキングチェア	Schaukelstuhl 男 -(e)s/...stühle
絨毯・カーペット	Teppich 男 -s/-e
	Läufer 男 -s/-
カーテン	Vorhang 男 -(e)s/...hänge
	Gardine 女 -/-n
カーテンレール	Gardinenleiste 女 -/-n
花瓶	Vase 女 -/-n
	Blumenvase 女 -/-n
電灯・ランプ	Lampe 女 -/-n
明かり	Licht 中 -(e)s/-er
シャンデリア	Kronleuchter 男 -s/-
フロアスタンド	Stehlampe 女 -/-n
食堂・ダイニング	Esszimmer 中 -s/-
食卓	Esstisch 男 -(e)s/-e
テーブルクロス	Tischtuch 中 -(e)s/...tücher
	Tischdecke 女 -/-n

2．住まいと生活

椅子	Stuhl 男 -(e)s/Stühle
椅子 (背もたれなし)	Hocker 男 -s/-
台所・キッチン	Küche 女 -/-n
食器棚	Küchenschrank 男 -(e)s/...schränke
システムキッチン	Einbauküche 女 -/-n
オーブン・天火	Backofen 男 -s/...öfen
天パン	Backblech -(e)s/-e
電子レンジ	Mikrowellenherd 男 -(e)s/-e
ガスレンジ	Gasherd 男 -(e)s/-e
電気レンジ	Elektroherd 男 -(e)s/-e
クッキングプレート・ホットプレート	Kochplatte 女 -/-n
グリル・焼き網	Grill 男 -s/-s
換気扇	Ventilator 男 -s/-en
冷蔵庫	Kühlschrank -(e)s/...schränke
冷凍庫	Tiefkühlfach 中 -(e)s/...fächer
	Tiefkühlschrank 男 -(e)s/...schränke
流し台	Spülbecken 中 -s/-
	Spüle 女 -/-n
寝室	Schlafzimmer 中 -s/-
洋服ダンス・ワードローブ	Kleiderschrank 男 -(e)s/...schränke
タンス・整理ダンス	Kommode 女 -/-n
引き出し	Schublade 女 -/-n
ベッド	Bett 中 -(e)s/-en
ダブルベッド	Doppelbett 中 -(e)s/-en
二段ベッド	Doppelstockbett 中 -(e)s/-en
	Etagenbett -(e)s/-en
寝具(一式)	Bettzeug 中 -(e)s/
ベッドリネン	Bettwäsche 女 -/

2. 住まいと生活

掛け布団	Bettdecke 女 -/-n
	Deckbett 中 -(e)s/-en
羽根布団	Federbett 中 -(e)s/-en
毛布	Decke 女 -/-n
	Wolldecke 女 -/-n
敷き布団・マットレス	Matratze 女 -/-n
シーツ	Betttuch 中 -(e)s/...tücher
	Bettlaken 中 -s/-
ベッドカバー	Tagesdecke 女 -/-n
枕	Kopfkissen 中 -s/-
枕カバー	Kissenbezug 男 -(e)s/...züge
湯たんぽ	Wärmflasche 女 -/-n
鏡台・ドレッサー	Spiegeltisch 男 -(e)s/-e
	Frisiertisch -(e)s/-e
ナイトテーブル	Nachttisch 男 -(e)s/-e
目覚まし時計	Wecker 男 -s/-
仕事部屋・書斎	Arbeitszimmer 中 -s/-
事務机・書き物机	Schreibtisch 男 -(e)s/-e
本棚・書架	Bücherregal 中 -s/-e
電気スタンド	Tischlampe 女 -/-n
タイプライター	Schreibmaschine 女 -/-n
浴室	Badezimmer 中 -s/-
浴槽・バスタブ	Badewanne 女 -/-n
入浴剤	Badesalz 中 -es/-e
シャワー	Dusche 女 -/-n
シャワーカーテン	Duschvorhang 男 -(e)s/...hänge
洗面台・洗面器	Waschbecken 中 -s/-
水	Wasser 中 -s/- ＜ふつう単数で＞
湯	warmes Wasser 中
鏡	Spiegel 男 -s/-
ミラーボックス	Spiegelschrank 男 -(e)s/...schränke

2．住まいと生活

バスマット	Badematte 女 -/-n
タオル	Handtuch 中 -(e)s/...tücher
バスタオル	Badetuch 中 -(e)s/...tücher
石鹸	Seife 女 -/-n
シャンプー	Shampoo 中 -s/-s
リンス	Pflegespülung 女 -/-en
	Haarspülung 女 -/-en
歯ブラシ	Zahnbürste 女 -/-n
歯磨き粉	Zahnpasta 女 -/...ten
歯を磨く	sich³ die Zähne putzen
デンタルリンス	Mundwasser 中 -s/...wässer
デンタルフロス	Zahnseide 女 -/-n
剃刀	Rasiermesser 中 -s/-
	Rasierklinge 女 -/-n
安全剃刀	Rasierapparat 男 -(e)s/-e
電気剃刀・シェーバー	elektrischer Rasierapparat 男
シェービングクリーム	Rasiercreme 女 -/-s
アフターシェーブ(ローション)	Rasierwasser 中 -s/-
	After-Shave-Lotion 女 -/-s, -en
ブラシ	Bürste 女 -/-n
くし	Kamm 男 -(e)s/Kämme
爪切り	Nagelschere 女 -/-n
	Nagelknipser 男 -s/-
耳かき	Ohrenstäbchen 中 -s/-
ヘアドライヤー	Fön 男 -(e)s/-e
ヘアスプレー	Haarspray 男・中 -s/-s
ヘルスメーター・体重計	Personenwaage 女 -/-n
トイレ	Toilette 女 -/-n
	Klosett 中 -s/-s, -e
トイレに行く	auf die Toilette gehen
便器	Toilettenbecken 中 -s/-
トイレットペーパー	Toilettenpapier 中 -s/

— 17 —

2. 住まいと生活

水道	Wasserleitung 女 -/-en
蛇口	Wasserhahn 男 -(e)s/-en
蛇口をひねる	den Hahn auf|drehen
	den Hahn zu|drehen
下水	Abwasser 中 -s/...wässer
下水道	Abwasserkanal 男 -s/...kanäle

<u>会話パターン 4</u>

A : Wo wohnst du eigentlich ?
B : In der Wertherstraße. Warum ?
A : Ich möchte eine Wohnung in der Nähe mieten. Ist die Miete hier hoch ?
B : Es geht. Wie groß soll die Wohnung sein ?
A : Ich hätte gern eine 2-Zimmerwohnung mit Küche und Dusche.
B : Sehen wir mal in der Zeitung nach. Ich helfe dir.
A : Danke !

A：おまえどこに住んでいたっけ？
B：ヴェルター通りだけど。どうして？
A：近くでアパートを借りたいんだ。この辺は家賃高いの？
B：許容範囲だね。どれぐらいの広さのアパートを考えてるの？
A：部屋二つにキッチンとシャワーがついてるのがいいんだけど。
B：新聞で調べてみよう。手伝うよ。
A：ありがとう。

2．住まいと生活

(2) 生活

① 家計

家庭生活	Familienleben 中 -s/-
収入	Einkommen 中 -s/-
年収	jährliches Einkommen 中
支出	Ausgabe 女 -/-n ＜ふつう複数で＞
家計	Haushalt 男 -(e)s/-e
家計簿	Haushalt(s)buch 中 -(e)s/...bücher
家計簿をつける	die Ausgaben ins Haushaltsbuch eintragen
生活費	Lebenshaltungskosten 複
	Lebensunterhalt 男 -(e)s/
生活費を稼ぐ	sich³ seinen Lebensunterhalt verdienen
食費	Verpflegungsgeld 中 -(e)s/
光熱費	Stromkosten 複
水道料	Wassergebühr 女 -/-en ＜ふつう複数で＞
電話代	Telefongebühr 女 -/-en ＜ふつう複数で＞
学費	Schulgeld 中 -(e)s/
社会保険	Sozialversicherung 女 -/-en
健康保険	Krankenkasse（オーストリア：...kassa）女 -/-n
ローン・貸付	Darlehen 中 -s/-
家賃	Hausmiete 女 -/-n
敷金	Mietkaution 女 -/-en
管理費	Verwaltungskosten 複
小遣い	Taschengeld 中 -(e)s/-er

― 19 ―

2. 住まいと生活

黒字	Plus 甲 -/-
赤字	Minus 甲 -/-
貯金	Ersparnis 女 -/-se (オーストリア：甲 -ses/-se) <ふつう複数で>
貯金する	(sich³) Geld sparen
貯金箱	Sparbüchse 女 -/-n
生活水準	Lebensstandard 男 -s/-s
貧乏な	arm
裕福な	reich

② 家事

家事	Haushalt 男 -(e)s/-e
炊事・料理する	kochen
洗濯する	waschen
洗濯物	Wäsche 女 -/-n <ふつう単数で>
すすぐ	spülen
しぼる(洗濯物を～)	die Wäsche aus|wringen
脱水機	Wäscheschleuder 女 -/-n
洗濯機	Waschmaschine 女 -/-n
全自動洗濯機	vollautomatische Waschmaschine 女
洗剤	Waschmittel 甲 -s/-
粉石鹸・粉末洗剤	Waschpulver 甲 -s/-
中性洗剤	neutrales Waschmittel 甲
合成洗剤	synthetisches Waschmittel 甲
漂白する	bleichen
漂白剤	Bleichmittel 甲 -s/-
物干し台	Trockengestell 甲 -(e)s/-e
洗濯ばさみ	Wäscheklammer 女 -/-n
乾燥機	Wäschetrockner 男 -s/-
乾燥させる	trocknen
ドライクリーニングする	(chemisch) reinigen

2. 住まいと生活

アイロンをかける	bügeln
アイロン	Bügeleisen 中 -s/-
アイロン台	Bügelbrett 中 -(e)s/-er
掃除をする(部屋の〜)	das Zimmer sauber|machen
片づける(机の上を〜)	den Tisch auf|räumen
整理する	et⁴ in Ordnung bringen
箒	Besen 男 -s/-
ちりとり	Kehrichtschaufel 女 -/-n
掃く	fegen
	kehren
掃除機	Staubsauger 男 -s/-
掃除機をかける	staubsaugen
はたき	Staubwedel 男 -s/-
はらう(ホコリを〜)	ab|stauben
雑巾	Lappen 男 -s/-
拭く(床を〜)	den Boden wischen
磨く(窓を〜)	das Fenster putzen
モップ	Mop 男 -s/-s
バケツ	Eimer 男 -s/-
たわし	Scheuerbürste 女 -/-n
ホコリ	Staub 男 -(e)s/-e, Stäube ＜ふつう単数で＞
ゴミ	Abfall 男 -(e)s/Abfälle ＜ふつう複数で＞
	Müll 男 -(e)s/
ゴミ箱・くずかご	Mülleimer 男 -s/-
	Papierkorb 男 -(e)s/...körbe
調理器具	Küchengerät 中 -(e)s/-e
調理する	zu|bereiten
煮る・ゆでる・沸かす	kochen
焼く・炒める	braten

2. 住まいと生活

揚げる・フライにする	braten
	frittieren
焼く(オーブンで〜)	backen
あぶる・煎る	rösten
蒸す・とろ火で煮る	dämpfen
みじんに刻む	hacken
こねる	kneten
すり下ろす	reiben
むく(皮を〜)	schälen
泡立てる	schlagen
切る	schneiden
かき混ぜる	rühren
冷やす	kühlen
冷凍する・凍らせる	ein|frieren
包丁	Küchenmesser 中 -s/-
まな板	Hackbrett 中 -(e)s/-er
ボウル	Schüssel 女 -/-n
ざる	Sieb 中 -(e)s/-e
フライパン	Pfanne 女 -/-n
	Bratpfanne 女 -/-n
ソースパン・片手鍋	Kasserolle 女 -/-n
鍋	Topf 男 -(e)s/Töpfe
ふた (鍋の〜)	Topfdeckel 男 -s/-
圧力鍋	Schnellkochtopf 男 -(e)s/...töpfe
やかん・湯沸かし	Wasserkessel 男 -s/-
キッチンタイマー	Kurzzeitwecker 男 -s/-
キッチンスケール・計量秤	Küchenwaage 女 -/-n
計量カップ	Messbecher 男 -s/-
大さじ	Esslöffel 男 -s/-
小さじ	Teelöffel 男 -s/-
フライ返し	Bratenwender 男 -s/-

2．住まいと生活

お玉杓子	Schöpflöffel 男 -s/-
	Suppenkelle 女 -/-n
網杓子・穴杓子	Schaumlöffel 男 -s/-
しゃもじ	Kochlöffel 男 -s/-
泡立て器	Schneebesen 男 -s/-
	Quirl 男 -(e)s/-e
麺棒	Nudelholz 中 -es/...hölzer
おろし金	Raspel 女 -/-n
皮むき器	Schäler 男 -s/-
ミキサー	Mixer 男 -s/-
ハンドミキサー	Handrührgerät 中 -(e)s/-e
	Handrührer 男 -s/-
ジューサー	Entsafter 男 -s/-
トースター	Toaster 男 -s/-
コーヒーメーカー	Kaffeemaschine 女 -/-n
コーヒーミル	Kaffeemühle 女 -/-n
コーヒーフィルター	Kaffeefilter 男 -s/-
キッチンペーパー	Papierhandtuch 中 -(e)s/...tücher
クッキングペーパー	Backpapier 中 -s/-e
アルミ箔	Aluminiumfolie 女 -/-n
ケーキ型	Backform 女 -/-en
	Kuchenform 女 -/-en
ケーキサーバー	Tortenheber 男 -s/-
魔法瓶	Thermosflasche 女 -/-n
なべつかみ	Topflappen 男 -s/-
なべしき	Untersetzer 男 -s/-
缶切り	Dosenöffner 男 -s/-
	Büchsenöffner 男 -s/-
栓抜き	Flaschenöffner 男 -s/-
コルク抜き	Korkenzieher 男 -s/-
食器を洗う	das Geschirr spülen
	das Geschirr ab|waschen

— 23 —

2. 住まいと生活

食器洗い機	Spülmaschine 囡 -/-n
	Geschirrspülmaschine 囡 -/-n
スポンジ	Schwamm 男 -(e)s/Schwämme
台所用洗剤	Spülmittel 中 -s/-
洗い桶	Spülbecken 中 -s/-
水切りかご	Abtropfständer 男 -s/-
布巾	Küchentuch 中 -(e)s/...tücher
	Geschirrtuch 中 -(e)s/...tücher
エプロン	Schürze 囡 -/-n
裁縫	Handarbeit 囡 -/-en
針	Nadel 囡 -/-n
針穴	Nadelöhr 中 -(e)s/-e
糸	Faden 男 -s/Fäden
指ぬき	Fingerhut 男 -(e)s/...hüte
布	Stoff 男 -(e)s/-e
	Tuch 中 -(e)s/ (種類：-e) <ふつう無冠詞で>
ボタン	Knopf 男 -(e)s/Knöpfe
安全ピン	Sicherheitsnadel 囡 -/-n
ミシン	Nähmaschine 囡 -/-n
縫う	nähen
繕う	flicken
編み物	Strickarbeit 囡 -/-en
編み物をする	stricken
毛糸	Garn 中 -(e)s/-e
編み針	Stricknadel 囡 -/-n
鉤針	Häkelnadel 囡 -/-n
刺繍	Stickerei 囡 -/-en
パッチワーク	Patchwork 中 -s/-s

2．住まいと生活

③　工具

工具	Werkzeug 中 -(e)s/-e
工具箱	Werkzeugkasten 男 -s/...kästen
鋸	Säge 女 -/-n
手鋸	Fuchsschwanz 男 -es/...schwänze
丸鋸	Kreissäge 女 -/-n
ハンマー・トンカチ	Hammer 男 -s/Hämmer
木づち	Holzhammer 男 -s/...hämmer
釘	Nagel 男 -s/Nägel
釘抜き	Geißfuß 男 -es/...füsse
かんな	Hobel 男 -s/-
ヤスリ	Feile 女 -/-n
	Raspel 女 -/-n
こて	Maurerkelle 女 -/-n
はんだごて	Lötkolben 男 -s/-
ドライバー	Schraubenzieher 男 -s/-
	Schraubendreher 男 -s/-
ナット	Mutter 女 -/-n
ボルト・くさび	Bolzen 男 -s/-
ネジ	Schraube 女 -/-n
スパナ	Schraubenschlüssel 男 -s/-
万力・バイス	Schraubstock 男 -(e)s/...stöcke
ペンチ	Kombizange 女 -/-n
曲尺・差し金	Winkel 男 -s/-
ドリル・錐	Bohrer 男 -s/-
電気ドリル	Bohrmaschine 女 -/-n
刷毛	Bürste 女 -/-n
ペンキを塗る(…に白く〜)	et.⁴ weiß streichen
梯子	Leiter 女 -/-n

— 25 —

2．住まいと生活

④　子育て

子供部屋	Kinderzimmer 中 -s/-
おもちゃ	Spielzeug 中 -(e)s/
積み木	Bauklotz 男 -es/...klötze ＜ふつう複数で＞
凧	Drachen 男 -s/-
三輪車	Dreirad 中 -(e)s/...räder
ゴーカート	Go-Kart 男 -(s)/-s
シャボン玉	Seifenblase 女 -/-n
人形	Puppe 女 -/-n
ぬいぐるみ	Kuscheltier 中 -(e)s/-e
スケートボード	Skateboard 中 -s/-s
なわとび	Sprungseil 中 -(e)s/-e
童話	Märchen 中 -s/-
王	König 男 -s/-e
王妃	Königin 女 -/-nen
姫	Prinzessin 女 -/-nen
王子	Prinz 男 -en/-en
怪物	Ungeheuer 中 -s/-
竜・ドラゴン	Drache 男 -n/-n
小人	Zwerg 男 -(e)s/-e
狼男	Werwolf 男 -(e)s/...wölfe
魔法使い	Zauberer 男 -s/-
魔女	Hexe 女 -/-n
騎士	Ritter 男 -s/-
冒険	Abenteuer 中 -s/-
宝物	Schatz 男 -es/Schätze
遊び場	Spielplatz 男 -es/...plätze
ジャングルジム	Klettergerüst 中 -(e)s/-e
滑り台	Rutsche 女 -/-n
砂場	Sandkasten 男 -s/...kästen

2．住まいと生活

ブランコ	Schaukel 女 -/-n
シーソー	Wippe 女 -/-n
遊園地	Rummelplatz 男 -es/...plätze
縁日	Jahrmarkt 男 -(e)s/...märkte
ジェットコースター	Achterbahn 女 -/-en
観覧車	Riesenrad 中 -(e)s/...räder
メリーゴーラウンド	Karussell 中 -s/-s, -e
お化け屋敷	Geisterbahn 女 -/-en
おむつ・おしめ	Windel 女 -/-n ＜ふつう複数で＞
哺乳壜	Milchflasche 女 -/-n
授乳する	das Baby stillen
乳母車・ベビーカー	Kinderwagen 男 -s/-

<u>会話パターン 5</u>

A：Ich gehe jetzt einkaufen. Kommst du mit?
B：Nein, ich bleibe zu Hause.
A：Könntest du dann bitte das Geschirr spülen, die Wäsche auf die Leine hängen und die Kinder ins Schwimmbad fahren?
B：Ich komme lieber mit dir. Zu zweit ist alles einfacher als allein.

A：今から買い物に行くわ。一緒に行く？
B：いや，うちにいるよ。
A：そうしたら食器を洗って，洗濯物を干して，子供たちとプールに行ってもらえるかしら？
B：やっぱり一緒に行くよ。一人よりも二人の方がなんでも簡単だ。

3. 衣服

(1) 洋服

衣服・衣料品	Kleidung 囡 -/-en ＜ふつう単数で＞
	Kleid 囲 -(e)s/-er ＜ふつう複数で＞
紳士服	Herrenkleidung 囡 -/-en
婦人服	Damenkleidung 囡 -/-en
子供服	Kinderkleidung 囡 -/-en
夏服	Sommerkleidung 囡 -/-en
冬服	Winterkleidung 囡 -/-en
合服	Übergangskleidung 囡 -/-en
着る(…を)	(sich³) et.⁴ an|ziehen
脱ぐ(…を)	(sich³) et.⁴ aus|ziehen
仕立屋・洋服屋	Schneider 男 -s/-
礼服・式服	Gesellschaftsanzug 男 -(e)s/...züge
	Festkleid 囲 -(e)s/-er
タキシード	Smoking 男 -s/-s
燕尾服	Frack 男 -(e)s/Fräcke (-s/-s)
ドレス・ワンピース	Kleid 囲 -(e)s/-er
イブニングドレス	Abendkleid 囲 -(e)s/-er
喪服	Trauerkleidung 囡 -/-en
スーツ・背広	Anzug 男 -(e)s/...züge
新調する(スーツを～)	sich³ einen neuen Anzug an|fertigen lassen
ツーピース	Kostüm 囲 -s/-e
スリーピース・三つ揃い	Anzug mit Weste 男

3．衣　服

オーダーメイドする	et.⁴ nach Maß an|fertigen lassen
既製服	Konfektionskleidung 囡 -/-en
	Konfektion 囡 -/-en ＜ふつう単数で＞
上着・ジャケット	Jacke 囡 -/-n
	Jackett 囲 -s/-s (-e)
	Sakko 男・囲 -s/-s
シングル(の上着)	Einreiher 男 -s/-
ダブル(の上着)	Zweireiher 男 -s/-
	Doppelreiher 男 -s/-
ベスト・チョッキ	Weste 囡 -/-n
ブレザー	Blazer 男 -s/-
ブルゾン・ジャンパー	Blouson 囲(男) -(s)/-s
部屋着・普段着	Hauskleid 囲 -(e)s/-er
	Hausanzug 男 -(e)s/...züge
ガウン	Morgenmantel 男 -s/...mäntel
	Morgenrock 男 -(e)s/...röcke
バスローブ	Bademantel 男 -s/...mäntel
マタニティドレス	Umstandskleid 囲 -(e)s/-er
	Umstandskleidung 囡 -/-en
スポーツウエア	Sportkleidung 囡 -/-en
スウェットシャツ・トレーナー	Sweatshirt 囲 -s/-s
作業服・仕事着	Arbeitskleidung 囡 -/-en
	Kittel 男 -s/-
仮装・変装	Verkleidung 囡 -/-en
仮装・変装する(…に)	sich⁴ als et.¹ verkleiden
制服・ユニフォーム	Uniform 囡 -/-en
セーラー服	Matrosenanzug 男 -(e)s/...züge
シャツ	Hemd 囲 -(e)s/-en
ブラウス	Bluse 囡 -/-n

3. 衣服

ノースリーブの・袖無しの	ärmellos
半袖シャツ	kurzärmliges Hemd 中
長袖シャツ	langärmliges Hemd 中
ポロシャツ	Polohemd 中 -(e)s/-en
Tシャツ	T-Shirt 中 -s/-s
タンクトップ	Pullunder 男 -s/-
セーター	Pullover 男 -s/-
カーディガン	Strickjacke 女 -/-n
民族衣装	Volkstracht 女 -/-en
	Dirndl 中 -s/-
トレーニングウエア	Trainingsanzug 男 -(e)s/...züge
オーバー・コート・外套	Mantel 男 -s/Mäntel
レインコート	Regenmantel 男 -s/...mäntel
毛皮のコート	Pelzmantel 男 -s/...mäntel
革ジャン	Lederjacke 女 -/-n
アノラック・パーカー	Anorak 男 -s/-s
ウインドブレーカー	Windjacke 女 -/-n
ズボン・スラックス	Hose 女 -/-n <しばしば複数で>
半ズボン・ショートパンツ	Shorts 複
ジーンズ	Jeans 複 (女 -/-)
オーバーオール	Overall 男 -s/-s
折り目	Falte 女 -/-n
	Bügelfalte 女 -/-n <ふつう複数で>
折り返し	Aufschlag 男 -(e)s/...schläge
ベルト	Gürtel 男 -s/-
バックル	Schnalle 女 -/-n
サスペンダー・ズボンつり	Hosenträger 男 -s/- <ふつう複数>
ファスナー・ジッパー	Reißverschluß 男 ...schlusses/...schlüsse
スカート	Rock 男 -(e)s/Röcke

— 30 —

3．衣　服

タイトスカート	enger Rock 男
ミニスカート	Minirock 男 -(e)s/...röcke
	Mini 男 -s/-s
ロングスカート	langer Rock 男
キュロットスカート	Hosenrock 男 -(e)s/...röcke
ポケット	Tasche 女 -/-n
内ポケット	Innentasche 女 -/-n
胸ポケット	Brusttasche 女 -/-n
襟・カラー	Kragen 男 -s/-
ボタン	Knopf 男 -(e)s/Knöpfe
ボタン穴	Knopfloch 中 -(e)s/...löcher
袖	Ärmel 男 -s/-
カフス・袖口	Manschette 女 -/-n ＜ふつう複数で＞
カフスボタン	Manschettenknopf 男 -(e)s/...knöpfe
生地・服地	Stoff 男 -(e)s/-e
	Kleiderstoff 男 -(e)s/-e
綿・コットン	Baumwolle 女 -/（種類：-n）
絹・シルク	Seide 女 -/-n
毛・ウール	Wolle 女 -/（種類：-n）
ビロード	Samt 男 -(e)s/-e
レース	Spitze 女 -/-n ＜ふつう複数で＞
化学繊維	Chemiefaser 女 -/-n
	Kunstfaser 女 -/-n
ナイロン	Nylon 中 -s/-s ＜ふつう単数で＞
レーヨン	Viskose 女 -/
ポリエステル	Polyester 男 -s/-
派手な・けばけばしい	grell
	knallig
地味な・質素な	schlicht
	einfach

3. 衣 服

しゃれた・エレガントな	schick
スポーティーな	sportlich
柄	Muster 甲 -s/-
柄の	mit Muster
無地の	ohne Muster
ストライプの・縞の	gestreift
チェックの	kariert
水玉の	gepunktet
ざらざらした	rauh
なめらかな・つるつるした	glatt
硬い	hart
柔らかい・しなやかな	weich
色	Farbe 女 -/-n
暗い	dunkel
明るい	hell
青い	blau
褐色の・茶色の	braun
黄色い	gelb
金色の	gold
グレーの	grau
緑の	grün
ピンクの	rosa
赤い	rot
黒い	schwarz
銀色の	silbern
紫の	violett
	lila
白い	weiß

(2) 下着類

下着・肌着	Unterwäsche 女 -/

— 32 —

3. 衣 服

ペチコート・スリップ	Unterrock 男 -(e)s/...röcke
	Unterkleid 中 -(e)s/-er
コルセット	Mieder 中 -s/-
ブラジャー	Büstenhalter 男 -s/-
	BH 男 -(s)/-(s)
アンダーシャツ	Unterhemd 中 -(e)s/-en
ランニングシャツ	ärmelloses Unterhemd 中
ブリーフ	Slip 男 -s/-s
トランクス	Unterhose 女 -/-n
パンティー	Slip 男 -s/-s
	Schlüpfer 男 -s/- <しばしば複数で>
ブルマー	Schlüpfer 男 -s/-
ソックス	Socke 女 -/-n <ふつう複数で>
ハイソックス	Kniestrumpf 男 -(e)s/...strümpfe
ストッキング	Strumpf 男 -(e)s/Strümpfe
パンティーストッキング・タイツ	Strumpfhose 女 -/-n
レオタード	Trikot 中 -s/-s
ガードル	Miederhose 女 -/-n
ネグリジェ	Nachthemd 中 -(e)s/-en
パジャマ・寝間着	Schlafanzug 男 -(e)s/...züge
	Pyjama 男 (オーストリア・スイス：中) -s/-s

(3) 帽子

帽子・縁付き帽	Hut 男 -(e)s/Hüte
かぶる(帽子を〜)	den Hut auf|setzen
脱ぐ(帽子を〜)	den Hut ab|nehmen
帽子屋	Hutmacher 男 -s/-
サイズ	Größe 女 -/-n <ふつう単数で>

3. 衣 服

サイズナンバー	Nummer 囡 -/-n
縁・つば(帽子の〜)	Krempe 囡 -/-n
ソフト帽	Schlapphut 男 -(e)s/...hüte
フェルト帽	Filzhut 男 -(e)s/...hüte
シルクハット	Zylinder 男 -s/-
テンガロハット	Cowboyhut 男 -(e)s/...hüte
レインハット	Regenhut 男 -(e)s/...hüte
縁なし帽・キャップ	Mütze 囡 -/-n
	Kappe 囡 -/-n
フード(コート等の〜)	Kapuze 囡 -/-n
水泳帽	Bademütze 囡 -/-n
	Badekappe 囡 -/-n
スキー帽	Skimütze 囡 -/-n
ナイトキャップ	Nachthaube 囡 -/-n
ベレー帽	Baskenmütze 囡 -/-n
水兵帽	Matrosenmütze 囡 -/-n
コック帽	Kochmütze 囡 -/-n
ひさし(帽子の〜)	Schirm 男 -(e)s/-e
ひさし付き帽子・ハンチング	Schirmmütze 囡 -/-n
野球帽	Baseballmütze 囡 -/-n
ヘルメット	Sturzhelm 男 -(e)s/-e
	Motorradhelm 男 -(e)s/-e
鉄兜	Stahlhelm 男 -(e)s/-e
毛皮帽	Pelzmütze 囡 -/-n
麦わら帽・カンカン帽	Strohhut 男 -(e)s/...hüte
パナマ帽	Panamahut 男 -(e)s/...hüte

(4) 靴

靴	Schuh 男 -(e)s/-e ＜ふつう複数で＞

3. 衣 服

一足の靴	ein Paar Schuhe
履く(靴を〜)	die Schuhe an|ziehen
脱ぐ(靴を〜)	die Schuhe aus|ziehen
磨く(靴を〜)	die Schuhe putzen
短靴	Halbschuh 男 -(e)s/-e
長靴・ブーツ	Stiefel 男 -s/- ＜しばしば複数で＞
ハーフブーツ	Stiefelette 女 -/-n
ゴム長	Gummistiefel 男 -s/-
ハイヒール	Schuhe mit hohen Absätzen
	Stöckelschuh 男 -(e)s/-e
ローヒール	Schuhe mit niedrigen Absätzen
パンプス	Pumps 男 -/- ＜ふつう複数で＞
革靴	Lederschuh 男 -(e)s/-e
木靴	Holzschuh 男 -(e)s/-e ＜ふつう複数で＞
ローファー	Slipper 男 -s/-(s)
スニーカー・運動靴	Turnschuh 男 -(e)s/-e
	Sportschuh 男 -(e)s/-e
ジョギングシューズ	Joggingschuh 男 -(e)s/-e
ズック靴	Stoffschuh 男 -(e)s/-e
乗馬靴	Reitstiefel 男 -s/-
登山靴	Bergschuh 男 -(e)s/-e
	Wanderschuh 男 -(e)s/-e
モカシン	Mokassin 男 -s/-s, -e
部屋履き・室内履き	Hausschuh 男 -(e)s/-e
スリッパ	Pantoffel 男 -s/-n ＜ふつう複数で＞
サンダル	Sandale 女 -/-n ＜ふつう複数で＞
	Pantolette 女 -/-n ＜ふつう複数で＞
靴職人	Schuhmacher 男 -s/-

3. 衣 服

靴を直す	Schuhe reparieren
靴底	Schuhsohle 囡 -/-n
底皮	Ledersohle 囡 -/-n
踵	Absatz 男 -es/Absätze
敷き革・中敷き	Einlegesohle 囡 -/-n
靴紐	Schnürsenkel 男 -s/-
靴磨き	Schuhputzer 男 -s/-
靴墨・靴クリーム	Schuhcreme 囡 -/-s (-n)
靴ブラシ	Schuhbürste 囡 -/-n
靴べら	Schuhanzieher 男 -s/-
靴拭きマット・ドアマット	Fußabtreter 男 -s/-

<u>会話パターン 6</u>

A : Kann ich Ihnen helfen ?
B : Ja, könnten Sie mir bitte diesen Rock zeigen ?
A : Den hier ? ... So, bitte schön. Er ist waschmaschinenfest und sehr praktisch. Wollen Sie ihn mal anprobieren ?
B : Ja, danke. ...
A : Der Rock steht Ihnen wunderbar.
B : Aber er ist zu groß um die Hüften. Haben Sie ihn eine Nummer kleiner ?
A : Ja, einen Moment, bitte. ...
B : Ja, der passt mir gut. Den nehme ich.
A : Vielen Dank.

A : 何かお探しですか。
B : ええ, このスカートを見せていただけませんか。
A : こちらですか? ... はい, どうぞ。これは洗濯機でも洗えますし, とても扱いやすいですよ。試着してみますか?
B : はい, どうも。 ...
A : とてもよくお似合いですよ。

B：でも腰回りが少し大きすぎます。もうひとつ小さいサイズはありますか。
A：はい，少々お待ちください。　...
B：これはぴったりです。これをください。
A：ありがとうございます。

4．食文化と酒類

(1) 食事

食事	Essen 中 -s/-
	Mahlzeit 女 -/-en
給仕する	bedienen
食べる	essen
礼儀作法・エチケット	Etikette 女 -/-n ＜ふつう単数で＞
食用の・食べられる	essbar
飲む	trinken
飲用の・飲める	trinkbar
噛む・咀嚼する	beißen
	kauen
味わう	genießen
朝食	Frühstück 中 -(e)s/-e
昼食	Mittagessen 中 -s/-
夕食・晩餐	Abendessen 中 -s/-
	Abendbrot 中 -(e)s/
間食・おやつ	Zwischenmahlzeit 女 -/-en
味・風味	Geschmack 男 -(e)s/Geschmäcke(r) ＜ふつう単数で＞
おいしい	lecker
濃い(味が～)	stark
薄い(味が～)	fade

4. 食文化と酒類

脂っこい	fett
	fettreich
あっさりした	fettarm
	fettfrei
甘い	süß
塩辛い	salzig
辛い	scharf
スパイシーな	pikant
酸っぱい	sauer
苦い	bitter
渋い	herb
温かい	warm
冷たい	kalt
香り	Duft 男 -(e)s/Düfte
におい	Geruch 男 -(e)s/Gerüche
消化の良い	verträglich
	bekömmlich
消化の悪い	unverträglich
栄養	Nahrung 女 -/
栄養素	Nährstoff 男 -(e)s/-e ＜ふつう複数で＞
蛋白質	Eiweiß 中 -es/-e
	Protein 中 -s/-e
脂肪	Fett 中 -(e)s/-e
炭水化物	Kohlenhydrat 中 -(e)s/-e
ミネラル	Mineralstoff 男 -(e)s/-e ＜ふつう複数で＞
ビタミン	Vitamin 中 -s/-e
繊維質	Ballaststoff 男 -(e)s/-e ＜ふつう複数で＞
カロリー	Kalorie 女 -/-n ＜ふつう複数で＞
高カロリーな	kalorienreich

4．食文化と酒類

低カロリーな　　　　　　　kalorienarm

<u>会話パターン　7</u>

A：Ich habe Hunger. Wollen wir etwas essen gehen？
B：Klar. Was möchtest du essen？
A：Ich weiß nicht. Vielleicht Spaghetti oder Pizza？
B：Also Italienisch？ Gut. Ich habe ein Restaurant da hinten gesehen.
A：Nein, lieber etwas Einfaches.
B：Wollen wir dann zu einem Imbiss gehen？ Dort drüben gibt es einen.
A：Warte mal, ich war schon heute vormittag an einem Imbissstand.
B：Du solltest langsam eine Entscheidung treffen. Ich habe Hunger.

A：おなかすいた。なにかたべにいこうか。
B：いいよ。何食べたい？
A：わからない。 スパゲッティかピザがいいかなあ。
B：それじゃイタリアン？　いいよ。あっちにレストランがあった。
A：ううん，なんかもっと簡単なものがいい。
B：それじゃ，ファストフードはどう？　あそこに一軒あるよ。
A：ちょっと待って。今朝もファストフードだった。
B：そろそろ決めた方がいいよ。おなかすいてきた。

(2) 軽食・レストラン

軽食　　　　　　　　　　Imbiss 男 -es/-e
レストラン　　　　　　　Restaurant 中 -s/-s
カフェ・喫茶店　　　　　Café 中 -s/-s
　　　　　　　　　　　　Kaffeehaus 中 -(e)s/...häuser（オーストリア）

— 39 —

4．食文化と酒類

甘味処	Konditorei 女 -/-en
市庁舎の地下レストラン	Ratskeller 男 -s/-
客	Gast 男 -(e)s/Gäste
予約する（4人のテーブルを〜）	einen Tisch für 4 Personen reservieren lassen
ウェイター・給仕	Kellner 男 -s/-
	Ober 男 -s/-
ウェイトレス	Kellnerin 女 -/-nen
セルフサービス	Selbstbedienung 女 -/
料理	Speise 女 -/-n
	Gericht 中 -(e)s/-e
ドイツ料理	deutsche Küche 女 ＜単数で＞
フランス料理	französische Küche 女 ＜単数で＞
中華料理	chinesische Küche 女 ＜単数で＞
和食	japanische Küche 女 ＜単数で＞
ギリシャ料理	griechische Küche 女 ＜単数で＞
値段	Preis 男 -es/-e
メニュー・献立表	Speisekarte 女 -/-n
ドリンクメニュー	Getränkekarte 女 -/-n
アラカルトで食事をする	à la carte essen
一皿料理	Tellergericht 中 -(e)s/-e
自慢の料理	Spezialität 女 -/-en
コース料理・定食	Menü 中 -s/-s
	Gedeck 中 -(e)s/-e
本日のおすすめメニュー	Tageskarte 女 -/-n
飲み物	Getränk 中 -(e)s/-e
アルコール飲料	alkoholische Getränke 複
ソフトドリンク	alkoholfreie Getränke 複
食前酒・アペリティフ	Aperitif 男 -s/-s (-e)
食後酒	Digestif 男 -s/-s
オードブル・前菜	Vorspeise 女 -/-n
オードブルの盛り合わせ	kalte Platte 女

4．食文化と酒類

チーズの盛り合わせ	Käseplatte 女 -/-n
スモークサーモン	Räucherlachs 男 -es/-e
ニシンのマリネ	Bismarckhering 男 -s/-e
生野菜	Rohkost 女 -/
サラダ	Salat 男 -(e)s/-e
ポテトサラダ	Kartoffelsalat 男 -(e)s/-e
ドレッシング	Salatsoße 女 -/-n
スープ	Suppe 女 -/-n
	Brühe 女 -/-n
ブイヨン	Fleischbrühe 女 -/-n
	Bouillon 女 -/-s
シチュー	Eintopf 男 -(e)s/...töpfe
メインディッシュ・主菜	Hauptgericht 中 -(e)s/-e
	Hauptgang 男 -(e)s/...gänge
魚料理	Fischgericht 中 -(e)s/-e
シーフード・魚介類	Meeresfrüchte 複
肉料理	Fleischgericht 中 -(e)s/-e
ビフテキ	Rindersteak 中 -s/-s
レア	englisch
ミディアム	medium
ウェルダン	durchgebraten
ハンバーグステーキ	Beefsteak 中
ミートボール	Frikadelle 女 -/-n
	Bulette 女 -/-n
	Klops 男 -es/-e
カツレツ	Kotelett 中 -s/-s (-e)
	Schnitzel 中 -s/-
ビーフシチュー	Gulasch 中・男 -(e)s/-e, -s
スペアリブ	Rippchen 中 -s/-
ローストポーク	Schweinebraten 男 -s/-
鳥肉料理	Geflügel 中 -s/
ローストチキン	Brathähnchen 中 -s/-

4. 食文化と酒類

日本語	ドイツ語
カモのロースト	Entenbraten 男 -s/-
猟鳥獣料理	Wildspezialität 女 -/-en
付け合わせ	Beilage 女 -/-n
目玉焼き	Spiegelei 中 -(e)s/-er
スクランブル	Rührei 中 -(e)s/-er ＜複数まれ＞
かたゆで卵	hart gekochtes Ei 中
半熟卵	weich gekochtes Ei 中
オムレツ	Omelett 中 -(e)s/-e, -s
	Omelette (オーストリア, スイス) 女 -/-n
デザート	Nachspeise 女 -/-n
	Nachtisch 男 -(e)s/-e
チーズケーキ	Käsekuchen 男 -s/-
チョコレートケーキ	Schokoladentorte 女 -/-n
リンゴのパイ皮包み	Apfelstrudel 男 -s/-
フライドポテト	Pommes frites 複
ハンバーガー	Hamburger 男 -s/-(s)
シシカバブ	Kebab 男 -(s)/
オープンサンド	belegtes Brot 中
焼きソーセージ	Bratwurst 女 -/...würste
酢漬けキャベツ	Sauerkraut 中 -(e)s/
ピザ	Pizza 女 -/-s, Pizzen
スパゲッティ	Spaghetti 複
勘定書	Rechnung 女 -/-en
チップ	Trinkgeld 中 -(e)s/-er

<u>会話パターン 8</u>

A：Guten Appetit！
B：Danke schön． Gleichfalls．
A：Danke． ... Hm, dieser Rindersteak schmeckt ausgezeichnet！ Wie ist Ihr Entenbraten？
B：Fantastisch！ Diese Soße passt so gut zu dem Fleisch.

4．食文化と酒類

　　Und haben Sie schon den Wein probiert?
A：Unglaublich! Er passt perfekt zum Steak. Ein sehr guter Rotwein, wirklich.
B：Wollen wir später auch einen Nachtisch bestellen?
A：Aber sicher!

A：召し上がれ。
B：ありがとう。あなたもどうぞ。
A：ありがとう。　…　おお，このビーフステーキは本当においしい！　あなたのカモのローストはいかが？
B：すばらしい！　このソースが肉にとてもよく合います。そしてこのワインはもう試されましたか？
A：信じられない！　ステーキとの相性が抜群です。とても良い赤ワインですよ，全く。
B：あとでデザートも注文しましょうか？
A：もちろんですとも！

<u>会話パターン　9</u>

A：Herr Ober! Die Rechnung, bitte!
B：Ja, sofort. Hat es Ihnen geschmeckt?
A：Ja, sehr gut. Danke.
B：Zahlen Sie zusammen oder getrennt?
A：Zusammen, bitte.
B：Das macht 73.28 Euro(=dreiundsiebzig Euro achtundzwanzig).
A：80. Stimmt so.
B：Danke schön.

A：ボーイさん，お勘定お願いします。
B：はい，ただいま。お口に合いましたか？
A：ええ，とてもおいしかったです。ありがとう。
B：ご一緒に支払われますかそれとも別々に？

4．食文化と酒類

A：一緒でお願いします。
B：73ユーロ28セントになります。
A：80ユーロで。おつりは要りません。
B：ありがとうございます。

（3）食器

食器	Geschirr 甲 -(e)s/-e
皿	Teller 男 -s/-
平皿	Platte 女 -/-n
スープ皿	Suppenteller 男 -s/-
深皿・ボウル・丼	Schüssel 女 -/-n
	Schale 女 -/-n
サラダボウル	Salatschüssel 女 -/-n
水差し	Wasserkrug 男 -(e)s/...krüge
グラス・コップ	Glas 甲 -es/Gläser
	Becher 男 -s/-
ブランデーグラス	Kognakschwenker 男 -s/-
シャンパングラス	Sektglas 甲 -es/...gläser
カクテルグラス	Cocktailglas 甲 -es/...gläser
ワイングラス	Weinglas 甲 -es/...gläser
	Römer 男 -s/-
デカンター・カラフェ	Karaffe 女 -/-n
ビールジョッキ	Bierkrug 男 -(e)s/...krüge
ナプキン	Serviette 女 -/-n
ナプキンリング	Serviettenring 男 -(e)s/-e
ナイフ	Messer 甲 -s/-
フォーク	Gabel 女 -/-n
スプーン	Löffel 男 -s/-
箸	Stäbchen 甲 -s/- ＜ふつう複数で＞
	Essstäbchen 甲 -s/- ＜ふつう複数で＞

4．食文化と酒類

爪楊枝	Zahnstocher 男 -s/-
コーヒーポット	Kaffeekanne 女 -/-n
コーヒーカップ	Kaffeetasse 女 -/-n
受け皿	Untertasse 女 -/-n
ミルク差し	Milchkännchen 中 -s/-
砂糖入れ	Zuckerdose 女 -/-n
ティーポット・急須	Teekanne 女 -/-n
ティーカップ	Teetasse 女 -/-n
ティーバッグ	Teebeutel 男 -s/-
茶こし	Teesieb 中 -(e)s/-e
	Tee-Ei 中 -(e)s/-er
テーブルスプーン	Esslöffel 男 -s/-
ティースプーン	Teelöffel 男 -s/-
コースター	Untersetzer 男 -s/-

(4) 食料品

肉	Fleisch 中 -(e)s/
牛肉	Rindfleisch 中 -(e)s/
子牛肉	Kalbfleisch 中 -(e)s/
豚肉	Schweinefleisch 中 -(e)s/
鶏肉	Hühnerfleisch 中 -(e)s/
羊肉・マトン	Hammelfleisch 中 -(e)s/
子羊肉・ラム	Lammfleisch 中 -(e)s/
ヒレ肉・切り身	Filet 中 -s/-s
肩ロース	Fehlrippe 女 -/-n
もも肉	Keule 女 -/-n
胸肉	Brust 女 -/Brüste
挽き肉	Hackfleisch 中 -(e)s/-
ハム	Schinken 男 -s/-
ソーセージ	Wurst 女 -/Würste
ウインナソーセージ	Wiener Würstchen 中

4. 食文化と酒類

フランクフルトソーセージ	Frankfurter Würstchen 中
サラミ	Salami 女 -/-(s) (スイス：男 -s/-)
レバーペースト	Leberpastete 女 -/-n
	Leberwurst 女 -/...würste
フォアグラ	Gänseleber 女 -/-n
煮こごり	Sülze 女 -/-n
麺類・パスタ	Teigware 女 -/-n ＜ふつう複数で＞
スパゲッティ	Spaghetti 複
マカロニ	Makkaroni 複
ヌードル	Nudel 女 -/-n ＜ふつう複数で＞
穀物	Getreide 中 -s/
そば	Buchweizen 男 -s/
トウモロコシ	Mais 男 -es/(種類：-e)
大麦	Gerste 女 -/(種類：-n)
カラス麦・オート麦	Hafer 男 -s/-
キビ	Hirse 女 -/(種類：-n)
アワ	Kolbenhirse 女 -/
ゴマ	Sesam 男 -s/-s
ライ麦	Roggen 男 -s/(種類：-)
小麦	Weizen 男 -s/(種類：-)
小麦粉	Weizenmehl 中 -(e)s/(種類：-e)
パン粉	Semmelbrösel 男 (オーストリア：中) -s/- ＜ふつう複数で＞
米	Reis 男 -es/(種類：-e)
パン	Brot 中 -(e)s/-e
パン（小さめの～）	Brötchen 中 -s/-
バゲット	Baguette 女 -/-n (中 -s/-s)
クロワッサン	Hörnchen 中 -s/-
	Croissant 中 -(s)/-s
デニッシュ	Plundergebäck 中 -(e)s/
プレッツェル	Brezel 女 -/-n (オーストリア：中 -s/-)

— 46 —

4．食文化と酒類

ライ麦パン	Roggenbrot 中 -(e)s/-e
黒パン	Schwarzbrot 中 -(e)s/-e
あらびき穀粒パン	Vollkornbrot 中 -(e)s/-e
白パン	Weißbrot 中 -(e)s/-e
コーンフレーク	Cornflakes 複
シリアル	Müsli 中 -s/-
オートミール	Haferbrei 男 -(e)s/-e
ミルク粥	Milchreis 男 -es/
卵	Ei 中 -(e)s/-er
乳製品	Milchprodukt 中 -(e)s/-e
牛乳・ミルク	Milch 女 -/(-e(n))
バター	Butter 女 -/
クリーム	Sahne 女 -/
	Rahm 男 -(e)s/
チーズ	Käse 男 -s/-
カッテージチーズ	Quark 男 -s/
カマンベールチーズ	Camembert 男 -s/-s
チーズ(羊乳の〜)	Schafskäse 男 -s/-
パルメザンチーズ	Parmesan 男 -(s)/
ジャム	Marmelade 女 -/-n
	Konfitüre 女 -/-n
イチゴジャム	Erdbeerkonfitüre 女 -/-n
	Erdbeermarmelade 女 -/-n
マーマレード	Orangenmarmelade 女 -/-n
お菓子	Süßigkeit 女 -/-en ＜ふつう複数で＞
ケーキ	Kuchen 男 -s/-
デコレーションケーキ	Torte 女 -/-n
シュークリーム	Windbeutel 男 -s/-
プリン	Pudding 男 -s/-e, -s
チョコレート	Schokolade 女 -/-n
	Praline 女 -/-n

— 47 —

4. 食文化と酒類

キャンディー	Bonbon 男・中 -s/-s
クッキー・ビスケット	Keks 男 (中) -/-; -es/-e (オーストリア：中 -/-(e))
アイスクリーム	Eis 中 -es/
	Eiscreme 女 -/-s(オーストリア・スイス：-n)
	Speiseeis 中 -es/
バニラアイスクリーム	Vanilleeis 中 -es/
シャーベット	Sorbet 男・中 -s/-s
	Sorbett (Scherbett) 男・中 -(e)s/-e
ゼリー	Gelee 中・男 -s/-s
	Götterspeise 女 -/-n
コーヒー	Kaffee 男 -s/ (種類：-s)
カフェイン入りの	koffeinhaltig
カフェインなしの	koffeinfrei
カフェオレ	Milchkaffee 男 -s/
ブラックコーヒー	schwarzer Kaffee 男
	Kaffee ohne Zucker und Milch
一杯のコーヒー	eine Tasse Kaffee
ココア	Kakao 男 -s/ (種類：-s)
	Schokolade 女 -/-n
茶	Tee 男 -s/ (種類：-s)
紅茶	schwarzer Tee 男
緑茶	grüner Tee 男
ジャスミン茶	Jasmintee 男 -s/
ハーブティー	Kräutertee 男 -s/
ミネラルウォーター	Mineralwasser 中 -s/...wässer
	Sprudel 男 -s/-
炭酸水・ソーダ水	Sodawasser 中 -s/...wässer
	Wasser mit Kohlensäure
水	Wasser 中 -s/-, Wässer

4．食文化と酒類

ジュース	Saft 男 -(e)s/Säfte
リンゴジュース	Apfelsaft 男 -(e)s/...säfte
オレンジジュース	Orangensaft 男 -(e)s/...säfte
グレープジュース	Traubensaft 男 -(e)s/...säfte
ラムネ	Limonade 女 -/-n
コーラ	Cola 中 -(s)/-s；女 -/-s, -
ジンジャーエール	Gingerale 中 -s/
香辛料・薬味・	Gewürz 中 -es/-e
スパイス・調味料	Würze 女 -/-n
カレー	Curry 中 (男) -s/-s
カラシ・マスタード	Senf 男 -(e)s/-e
トウガラシ	roter Pfeffer 男 -s/
ワサビ	Meerrettich 男 -s/-e
ショウガ	Ingwer 男 -s/
コショウ	Pfeffer 男 -s/ (種類:-)
シナモン・肉桂	Zimt 男 -(e)s/ (種類:-e)
ガーリック・ニンニク	Knoblauch 男 -(e)s/
ローリエ・ベイリーフ	Lorbeerblatt 中 -(e)s/...blätter
ナツメグ	Muskatnuß 女 -/...nüsse
チョウジ	Nelke 女 -/-n
	Gewürznelke 女 -/-n
パプリカ	Paprika 男 -s/
ウイキョウ	Fenchel 男 -s/
キャラウェイ	Kümmel 男 -s/-
バニラ	Vanille 女 -/
ハーブ	Gewürzkraut 中 -(e)s/...kräuter
バジル	Basilikum 中 -s/-s, ...ken
オレガノ	Oregano 男 -/
ローズマリー	Rosmarin 男 -s/
サフラン	Safran 男 -s/
セージ	Salbei 男 -s/；女 -/
タイム	Thymian 男 -s/

4. 食文化と酒類

ミント・ハッカ	Minze 女 -/-n
固形スープ	Suppenwürfel 男 -s/-
	Brühwürfel 男 -s/-
塩	Salz 中 -es/
食塩	Kochsalz 中 -es/
砂糖	Zucker 男 -s/ (種類:-)
蜂蜜	Honig 男 -s/-e
酢	Essig 男 -s/ (種類:-e)
ソース	Soße 女 -/-n
しょうゆ	Sojasoße 女 -/-n
マヨネーズ	Majonäse 女 -/-n
ドレッシング	Salatsoße 女 -/-n
ケチャップ	Ketchup 男・中 -(s)/-s
油	Öl 中 -(e)s/ (種類:-e)
オリーブオイル	Olivenöl 中 -(e)s/
ピクルス	Mixed Pickles 複
オリーブ	Olive 女 -/-n
缶詰	Konserve 女 -/-n
	Konservendose 女 -/-n
冷凍食品	Tiefkühlkost 女 -/

(5) 野菜

野菜	Gemüse 中 -s/-
インゲン豆・ソラマメ	Bohne 女 -/-n
レンズ豆	Linse 女 -/-n
エンドウ豆・グリンピース	Erbse 女 -/-n ＜ふつう複数で＞
大豆	Sojabohne 女 -/-n
モヤシ	Sojaspross 男 -/...sprossen ＜ふつう複数で＞
カブ	Rübe 女 -/-n
ラディッシュ	Radieschen 中 -s/-

4．食文化と酒類

大根	Rettich 男 -s/-e
カボチャ	Kürbis 男 -ses/-se
キュウリ	Gurke 女 -/-n
ズッキーニ	Zucchini 女 -/-
ジャガイモ	Kartoffel 女 -/-n
サツマイモ	Süßkartoffel 女 -/-n
ネギ	Lauch 男 -(e)s/-e
タマネギ	Zwiebel 女 -/-n
長ネギ・ポロネギ	Porree 男 -s/-s
エシャロット	Schalotte 女 -/-n
ナス	Aubergine 女 -/-n
ニンジン	Möhre 女 -/-n
	Karotte 女 -/-n
ホウレンソウ	Spinat 男 -(e)s/（種類：-e）
アスパラガス	Spargel 男 -s/-（スイス：女 -/-n）
カリフラワー	Blumenkohl 男 -(e)s/
ブロッコリー	Brokkoli 複
白菜	Chinakohl 男 -(e)s/
キャベツ	Kohl 男 -(e)s/（種類：-e）
芽キャベツ	Rosenkohl 男 -(e)s/
レタス・サラダ菜	Salat 男 -(e)s/-e
エンダイブ	Endivie 女 -/-n
セロリ	Sellerie 男 -s/-(s)；女 -/-（オーストリア：女 -/-n）
トマト	Tomate 女 -/-n
プチトマト	Cocktailtomate 女 -/-n
パセリ	Petersilie 女 -/-n
ピーマン	Paprika 男 -s/-(s)；女 -/-(s)
	Paprikaschote 女 -/-n
オクラ	Okra 女 -/-s
キノコ	Pilz 男 -es/-e
アーティチョーク	Artischocke 女 -/-n

— 51 —

4．食文化と酒類

(6) 果物

果物	Obst 中 -(e)s/
アンズ	Aprikose 女 -/-n
イチゴ	Erdbeere 女 -/-n
木イチゴ・ラズベリー	Himbeere 女 -/-n
	Brombeere 女 -/-n
ブルーベリー	Heidelbeere 女 -/-n
スグリ	Johannisbeere 女 -/-n
	Stachelbeere 女 -/-n
サクランボ	Kirsche -/-n
ブドウ	Traube 女 -/-n
	Weintraube 女 -/-n
干しブドウ	Rosine 女 -/-n
リンゴ	Apfel 男 -s/Äpfel
西洋ナシ	Birne 女 -/-n
イチジク	Feige 女 -/-n
ザクロ	Granatapfel 男 -s/...äpfel
桃	Pfirsich 男 -s/-e
ネクタリン	Nektarine 女 -/-n
プラム・スモモ	Pflaume 女 -/-n
	Zwetschge 女 -/-n
柿	Kakifrucht 女 -/...früchte
カリン	Mispel 女 -/-n
柑橘類	Zitrusfrucht 女 -/...früchte
オレンジ	Apfelsine 女 -/-n
	Orange 女 -/-n
ミカン	Mandarine 女 -/-n
グレープフルーツ	Grapefruit -/-s
	Pampelmuse 女 -/-n
レモン	Zitrone 女 -/-n
メロン	Melone 女 -/-n

4．食文化と酒類

スイカ	Wassermelone 囡 -/-n
トロピカルフルーツ	Südfrucht 囡 -/...früchte
バナナ	Banane 囡 -/-n
パイナップル	Ananas 囡 -/-, -se
アボカド	Avocado 囡 -/-s
キウイ	Kiwi 囡 -/-s
ナツメヤシ	Dattel 囡 -/-n
ライチ	Litschi 囡 -/-s
マンゴー	Mango 囡 -/-nen, -s
パパイヤ	Papaya 囡 -/-s
ココナッツ	Kokosnuss 囡 -/...nüsse
ナッツ	Nuss 囡 -/Nüsse
栗	Esskastanie 囡 -/-n
	Marone 囡 -/-n
カシューナッツ	Cashewnuss 囡 -/...nüsse
クルミ	Walnuss 囡 -/...nüsse
アーモンド	Mandel 囡 -/-n
ピーナッツ・落花生	Erdnuss 囡 -/...nüsse
ヘーゼルナッツ・ハシバミ	Haselnuss 囡 -/...nüsse
ピスタチオ	Pistazie 囡 -/-n

(7) 酒場・バー

酒類	alkoholische Getränke 覆
	Spirituose 囡 -/-n ＜ふつう複数で＞
ワイン・ブドウ酒	Wein 男 -(e)s/ (種類：-e)
赤ワイン	Rotwein 男 -(e)s/ (種類：-e)
白ワイン	Weißwein 男 -(e)s/ (種類：-e)
ロゼワイン	Rosé 男 -s/-s
辛口(ワインの〜)	trocken
中辛(ワインの〜)	halbtrocken

4. 食文化と酒類

中甘口(ワインの〜)	mild
甘口(ワインの〜)	lieblich
シャンパン	Champagner 男 -s/-
スパークリングワイン	Sekt 男 -(e)s/-e
	Schaumwein 男 -(e)s/ (種類:-e)
にごりワイン	Federweiße 男 <形容詞的変化>
果実酒	Obstwein 男 -(e)s/ (種類:-e)
シードル・リンゴ酒	Apfelwein 男 -(e)s/ (種類:-e)
ビール	Bier 中 -(e)s/ (種類:-e)
生ビール	Fassbier 中 -(e)s/ (種類:-e)
黒ビール	dunkles Bier 中
白ビール	Weißbier 中 -(e)s/ (種類:-e)
ラーガービール	Lagerbier 中 -(e)s/ (種類:-e)
ピルスナービール	Pils 中 -/-
	Pilsner 中 -s/-
缶ビール	Dosenbier 中 -(e)s/ (種類:-e)
瓶ビール	Flaschenbier 中 -(e)s/ (種類:-e)
焼酎・蒸留酒	Schnaps 男 -es/Schnäpse
	Branntwein 男 -(e)s/ (種類:-e)
ブランデー・コニャック	Brandy 男 -s/-s
	Kognak 男 -s/-s
	Weinbrand 男 -(e)s/...brände
ウィスキー	Whisky 男 -s/-s
ストレート	Whisky pur
オンザロック	Whisky mit Eis
水割り	Whisky mit Wasser
ウィスキーソーダ・ハイボール	Whisky (mit) Soda
ウォッカ	Wodka 男 -s/-s
ジン	Gin 男 -s/ (種類:-s)
テキーラ	Tequila 男 -(s)/

4．食文化と酒類

ラム酒	Rum 男 -s/-s (南ドイツ・オーストリア・スイス：-s/-e)
シェリー酒	Sherry 男 -s/-s
穀物酒	Kornbranntwein 男 -(e)s/ (種類：-e)
	Korn 男 -(e)s/ (口語：-)
	Klare 男 -n/-n ＜形容詞的変化＞
キルシュワッサー	Kirschwasser 中 -s/...wässer
リキュール	Likör 男 -s/-e
カクテル	Cocktail 男 -s/-s
パンチ	Bowle 女 -/-n
サングリア	Sangria 女 -/-s
日本酒	Sake 男 -/
	Reiswein 男 -(e)s/ (種類：-e)
飲み屋・居酒屋	Kneipe 女 -/-n
バー	Bar 女 -/-s
バーテンダー	Barkeeper 男 -s/-
シェイカー	Mixbecher 男 -s/-
	Shaker 男 -s/-
飲む	trinken
つぐ(…に酒を～)	jm. ein|schenken
酔っている	betrunken sein
素面の	nüchtern sein
酒飲み・飲んだくれ	Säufer 男 -s/-
酔っぱらい	Betrunkene 男・女 ＜形容詞的変化＞

5. ショッピング

(1) 買い物・商店

店・商店	Geschäft 中 -(e)s/-e
	Laden 男 -s/Läden
店員	Verkäufer 男 -s/-
	Verkäuferin 女 -/-nen
店主・オーナー	Ladenbesitzer 男 -s/-
	Geschäftsinhaber 男 -s/-
顧客	Kunde 男 -n/-n
	Kundin 女 -/-nen
売場	Verkaufsraum 男 -(e)s/...räume
特産品	Spezialität 女 -/-en
買い物をする	ein|kaufen
買い物にいく	ein|kaufen gehen
買う	kaufen
売る	verkaufen
値切る	feilschen
	den Preis herunter|handeln
買い物かご	Einkaufskorb 男 -(e)s/...körbe
ショッピングバッグ	Einkaufstasche 女 -/-n
ショッピングカート	Einkaufswagen 男 -s/-
品物・商品	Ware 女 -/-n
	Artikel 男 -s/-
質が良い	von guter Qualität sein
質が悪い	von schlechter Qualität sein
贈り物	Geschenk 中 -(e)s/-e
贈り物にする(…に…を)	jm. et.⁴ zum Geschenk machen
贈り物用包装	Geschenkpackung 女 -/-en
包装	Verpackung 女 -/-en

5．ショッピング

包装する	verpacken
包装紙	Packpapier 中 -s/-e
	Geschenkpapier 中 -s/-e
リボン・テープ	Band 中 -(e)s/Bänder
リボンをかける(…に)	et.⁴ als Geschenk verpacken
蝶結びをする	eine Schleife binden
レジ	Kasse 女 -/-n
金額	Summe 女 -/-n
	Betrag 男 -(e)s/Beträge
釣り銭	Wechselgeld 中 -es/
レシート・領収書	Quittung 女 -/-en
ウインドウショッピングする	einen Schaufensterbummel machen
自動販売機	Automat 男 -en/-en
営業時間	Öffnungszeit 女 -/-en
	Geschäftszeit 女 -/-en
24時間営業である	rund um die Uhr geöffnet sein
営業中	geöffnet
休業・閉店	geschlossen
休業日	Ruhetag 男 -(e)s/-e
価格・値段	Preis 男 -es/-e
値札	Preisschild 中 -(e)s/-er
特売・特売品	Sonderangebot 中 -(e)s/-e
在庫一掃・大売り出し	Ausverkauf 男 -(e)s/...käufe
ディスカウント	Discount 男 -s/-s
割引	Ermäßigung 女 -/-en
	Rabatt 男 -(e)s/-e
ディスカウントショップ	Discountgeschäft 中 -(e)s/-e
	Discountladen 男 -s/...läden
安い	billig
高い(値段が)	teuer

5．ショッピング

セールスマン	Handelsvertreter 男 -s/-
	Vertreter 男 -s/-
見本	Muster 中 -s/-
	Warenprobe 女 -/-n
試供品・サンプル	Musterexemplar 中 -s/-e
	Probestück 中 -(e)s/-e

<u>会話パターン 10</u>

A：Was kostet das ?
B：13.15 Euro(=dreizehn Euro fünfzehn) pro Stück.
A：Gut. Ich hätte gern 3 Stück davon.
B：Danke schön. Das wären 39.45
　　Euro (=neununddreißig Euro fünfundvierzig).
A：Und könnten Sie das bitte als Geschenk verpacken ?
B：Selbstverständlich. Wollen Sie auch solche Karten dazu ? Sie sind umsonst.
A：Ja, sehr schön. Danke.

A：これいくらですか。
B：一つにつき13ユーロ15セントです。
A：いいでしょう。これを3ついただきたいのですが。
B：ありがとうございます。全部で39ユーロ45セントになります。
A：それから，それ贈り物として包んでいただけますか。
B：かしこまりました。こんなカードもおつけしましょうか。無料です。
A：それはいいですね。ありがとうございます。

(2) 化粧品

化粧品店	Parfümerie 女 -/-n
メーキャップ・化粧	Make-up 中 -s/-s
化粧品	Kosmetikum 中 -s/...ka ＜ふつう複数で＞
化粧石鹸	Seife 女 -/-n
洗顔クリーム	Reinigungscreme 女 -/-s (-n)
スキンクリーム	Hautcreme 女 -/-s (スイス, オーストリア：-n)
ハンドクリーム	Handcreme 女 -/-s (-n)
日焼け止めクリーム	Sonnenschutzcreme 女 -/-s (-n)
パック	Gesichtsmaske 女 -/-n
化粧水	Gesichtswasser 中 -s/...wässer
ローション・乳液	Lotion 女 -/-en, -s
モイスチャークリーム	Feuchtigkeitscreme 女 -/-s (-n)
コールドクリーム	Coldcream 女 -/-s
白粉・ファンデーション・パウダー	Puder 男(中)-s/-
コンパクト	Puderdose 女 -/-n
パフ	Puderquaste 女 -/-n
リップスティック	Lippenstift 男 -(e)s/-e
リップライナー	Konturenstift 男 -(e)s/-e
ほお紅・口紅	Rouge 中 -s/-s ＜複数まれ＞
アイシャドー	Lidschatten 男 -s/-
アイライナー	Eyeliner 男 -s/-
	Kajalstift 男 -(e)s/-e
アイブローペンシル・眉墨	Augenbrauenstift 男 -(e)s/-e
マスカラ	Wimperntusche 女 -/-n
	Mascara 女・男 -/-s
付けまつげ	künstliche Wimpern 複
マニキュア	Nagellack 男 -(e)s/ (種類：-e)

5．ショッピング

除光液	Nagellackentferner 男 -s/-
香水	Parfüm 中 -s/-e, -s
オードトワレ	Eau de Toilette 中 ---/Eaux--
	Toilettenwasser 中 -s/...wässer
オーデコロン	Eau de Cologne 中 (女) ---/Eaux--
	Kölnischwasser 中 -s/-
デオドラントスプレー	Deo 中 -s/-s
香水スプレー	Parfümzerstäuber 男 -s/-
ヘアトニック	Haarwasser 中 -s/...wässer
ポマード	Pomade 女 -/-n
発毛剤	Haarwuchsmittel 中 -s/-
ヘアスプレー	Haarspray 男・中 -s/-s
ヘアブラシ	Haarbürste 女 -/-n
くし	Kamm 男 -(e)s/Kämme
化粧品入れ	Kosmetiktasche 女 -/-n

(3) 美容院・理髪店

美容院	Damensalon 男 -s/-s
	Friseursalon 男 -s/-s
理髪店・床屋	Herrensalon 男 -s/-s
	Friseursalon 男 -s/-s
美容師・理容師	Friseur 男 -s/-e
	Friseurin 女 -/-nen
	Frisöse 女 -/-n
エステティックサロン	Kosmetiksalon 男 -s/-s
美顔術・美容術	Schönheitspflege 女 -/
	Kosmetik 女 -/
パーマ	Dauerwelle 女 -/-n
パーマをかけてもらう	sich³ eine Dauerwelle machen lassen

5．ショッピング

セットしてもらう(髪を〜)	sich³ frisieren lassen
シャンプー	Shampoo 中 -s/-s
シャンプーする	shampoonieren
リンス	Haarspülung 女 -/-en
洗髪する	sich³ die Haare waschen
染髪する	sich³ die Haare färben
	sich³ die Haare tönen
髪	Haar 中 -(e)s/-e
ヘアスタイル・髪型	Frisur 女 -/-en
三つ編み・おさげ	Zopf 男 -(e)s/Zöpfe
ポニーテール	Pferdeschwanz 男 -es/...schwänze
おかっぱ	Pagenkopf 男 -(e)s/...köpfe
カール・巻き毛	Locke 女 -/-n
カールする(髪を〜)	sich³ mit Lockenwicklern Locken machen
カットしてもらう(髪を〜)	sich³ die Haare schneiden lassen
ヘアピン	Haarnadel 女 -/-n
ヘアクリップ	Haarklammer 女 -/-n
髪留め・バレッタ	Haarspange 女 -/-n
ヘアネット	Haarnetz 中 -es/-e
ヘアバンド	Haarband 中 -(e)s/...bänder
散髪はさみ	Haarschneideschere 女 -/-n
バリカン	Haarschneidemaschine 女 -/-n
剃刀	Rasiermesser 中 -s/-
髭を剃る	sich⁴ rasieren

(4) 宝石・アクセサリー

| 宝石 | Edelstein 男 -(e)s/-e |
| | Juwel 中 (男) -s/-en ＜ふつう複数で＞ |

― 61 ―

5. ショッピング

貴金属	Edelmetall 中 -s/-e
アメジスト	Amethyst 男 -(e)s/-e
アクアマリン	Aquamarin 男 -s/-e
ガーネット	Granat 男 -(e)s/-e (オーストリア： -en/-en)
キャッツアイ	Katzenauge 中 -s/-n
ダイヤモンド	Diamant 男 -en/-en
エメラルド	Smaragd 男 -(e)s/-e
ルビー	Rubin 男 -s/-e
サファイア	Saphir 男 -s/-e
オパール	Opal 男 -s/-e
トパーズ	Topas 男 -es/-e
トルコ石	Türkis 男 -es/-e
ラピスラズリ	Lapislazuli 男 -/-
月長石	Mondstein 男 -s/-e
	Adular 男 -s/-e
真珠	Perle 女 -/-n
翡翠	Jade 男 -(s)/ ; 女 -/
サンゴ	Koralle 女 -/-n <ふつう複数で>
水晶	Bergkristall 男 -s/-e
宝石店	Juweliergeschäft 中 -(e)s/-e
	Juwelierladen 男 -s/...läden
宝石箱	Schmuckkästchen 中 -s/-
スカーフ・ネッカチーフ	Kopftuch 中 -(e)s/...tücher
	Halstuch 中 -(e)s/...tücher
マフラー	Schal 男 -s/-s (-e)
ストール	Stola 女 -/...len
手袋	Handschuh 男 -(e)s/-e <ふつう複数で>
ミトン	Fausthandschuh 男 -(e)s/-e
	Fäustling 男 -s/-e

5．ショッピング

ネクタイ	Krawatte 囡 -/-n
	Schlips 男 -es/-e
蝶ネクタイ	Fliege 囡 -/-n
タイピン	Krawattenhalter 男 -s/-
	Krawattennadel 囡 -/-n
ハンカチ	Taschentuch 中 -(e)s/...tücher
センスがいい	einen guten Geschmack haben
ハンドバッグ	Handtasche 囡 -/-n
ベール	Schleier 男 -s/-
	Tschador (Tschadyr) 男 -s/-s
アクセサリー・装身具	Schmuck 男 -(e)s/-e ＜複数まれ＞
指輪	Ring 男 -(e)s/-e
	Fingerring 男 -(e)s/-e
ブレスレット・腕輪	Armband 中 -(e)s/...bänder
	Armreif 男 -(e)s/-e
アンクレット	Fußkettchen 中 -s/-
ネックレス	Halskette 囡 -/-n
ペンダント	Anhänger 男 -s/-
ロケット	Medaillon 中 -s/-s
イヤリング	Ohrring 男 -(e)s/-e
ピアス	Ohrstecker 男 -s/-
ブローチ	Brosche 囡 -/-n
本物の	echt
人工の	künstlich
模造品	Imitation 囡 -/-en
	Nachahmung 囡 -/-en

会話パターン 11

A：Kann ich Ihnen behilflich sein？
B：Ja, ich suche ein Geschenk für meine Mutter.
A：Wie wäre dann ein Schal？ Wir haben verschiedene Farben.

5．ショッピング

B：Ja, sie sind sehr schön. Aber leider ziemlich teuer.
A：Ja, aber sie sind von besonders guter Qualität.
B：Ich überlege es mir noch einmal.

A：何かお手伝いいたしましょうか。
B：ええ，母への贈り物を探しているんです。
A：スカーフなどはいかがでしょうか。いろいろな色をそろえていますよ。
B：ええ，とてもきれいですね。でも，ずいぶん高いですね。
A：そうですね。でも品質はとてもいいですよ。
B：もう一度考えてみます。

(5) 時計・眼鏡

時計屋	Uhrengeschäft 甲 -(e)s/-e
時計	Uhr 女 -/-en
振り子時計	Penduluhr 女 -/-en
腕時計	Armbanduhr 女 -/-en
クオーツ時計	Quarzuhr 女 -/-en
掛け時計・柱時計	Wanduhr 女 -/-en
置き時計	Standuhr 女 -/-en
懐中時計	Taschenuhr 女 -/-en
目覚まし時計	Wecker 男 -s/-
（～を）5時にセットする	den Wecker auf 5 Uhr stellen
日時計	Sonnenuhr 女 -/-en
砂時計	Sanduhr 女 -/-en
ストップウォッチ	Stoppuhr 女 -/-en
デジタル時計	Digitaluhr 女 -/-en
アナログ時計	Analoguhr 女 -/-en
文字盤	Zifferblatt 甲 -(e)s/...blätter
時計の針	Uhrzeiger 男 -s/-
長針	Minutenzeiger 男 -s/-

5．ショッピング

短針	Stundenzeiger 男 -s/-
秒針	Sekundenzeiger 男 -s/-
バンド(時計の)	Uhrenarmband 中 -(e)s/...bänder
	Uhrband 中 -(e)s/...bänder
合わせる(時計を〜)	die Uhr richtig stellen
進める(時計を〜)	die Uhr vor|stellen
遅らせる(時計を〜)	die Uhr nach|stellen
修理する(時計を〜)	die Uhr reparieren
防水の	wasserfest
時計回りに	im Uhrzeigersinn
巻く(時計を〜)	die Uhr auf|ziehen
眼鏡屋	Optiker 男 -s/-
眼鏡	Brille 女 -/-n
老眼鏡	Brille für die Nähe 女
近眼鏡	Brille für die Ferne 女
遠近両用眼鏡	Bifokalbrille 女 -/-n
サングラス	Sonnenbrille 女 -/-n
レンズ	Brillenglas 中 -es/...gläser
コンタクトレンズ	Kontaktlinse 女 -/-n ＜ふつう複数で＞
フレーム・縁	Brillengestell 中 -(e)s/-e
	Brillenfassung 女 -/-en
つるなし眼鏡・鼻眼鏡	Kneifer 男 -s/-
	Klemmer 男 -s/-
つる	Brillenbügel 男 -s/-
眼鏡ケース	Brillenetui 中 -s/-s
かける(眼鏡を〜)	die Brille auf|setzen
外す(眼鏡を〜)	die Brille ab|nehmen
かけている(眼鏡を〜)	eine Brille tragen
眼鏡が曇る	Die Brille beschlägt sich.
視力	Sehkraft 女 -/
	Sehschärfe 女 -/-n

5. ショッピング

視力検査	Sehprobe 囡 -/-n
	Sehtest 男 -(e)s/-s (-e)
近視の	kurzsichtig
遠視の	weitsichtig
乱視の	stabsichtig
顕微鏡	Mikroskop 匣 -s/-e
双眼鏡	Fernglas 匣 -es/...gläser
望遠鏡	Fernrohr 匣 -(e)s/-e
	Teleskop 匣 -s/-e
天体望遠鏡	astronomisches Fernrohr 匣

(6) 革製品・鞄

皮革製品	Lederware 囡 -/-n ＜ふつう複数で＞
皮革製品店	Lederwarengeschäft 匣 -(e)s/-e
革なめし工・製革工	Gerber 男 -s/-
鞄・バッグ	Tasche 囡 -/-n
旅行鞄・スーツケース	Koffer 男 -s/-
	Reisekoffer 男 -s/-
書類鞄・アタッシュケース	Aktentasche 囡 -/-n
通学鞄	Schulmappe 囡 -/-n
ランドセル	Ranzen 男 -s/-
書類入れ	Mappe 囡 -/-n
ハンドバッグ	Handtasche 囡 -/-n
ショルダーバッグ	Umhängetasche 囡 -/-n
	Schultertasche 囡 -/-n
買い物袋・ショッピングバッグ	Einkaufstasche 囡 -/-n
ポーチ	Kulturbeutel 男 -s/-
ポシェット	Täschchen 匣 -s/-

ウエストバッグ・ウエストポーチ	Gürteltasche 女 -/-n
旅行バッグ	Reisetasche 女 -/-n
リュックサック	Rucksack 男 -(e)s/...säcke
財布	Portemonnaie 中 -s/-s
	Geldbörse 女 -/-n
キーホルダー	Schlüsseltasche 女 -/-n
ベルト	Gürtel 男 -s/-
ホルスター	Pistolentasche 女 -/-n
手袋	Handschuh 男 -(e)s/-e ＜ふつう複数で＞
革	Leder 中 -s/-
牛革	Rindsleder 中 -s/-
鰐革	Krokodilleder 中 -s/-
バックスキン	Wildleder 中 -s/-
合成皮革	Kunstleder 中 -s/-
なめし革	Fell 中 -(e)s/
	gegerbtes Leder 中
なめす(皮を〜)	Häute gerben

(7) 出版物

本	Buch 中 -(e)s/Bücher
文庫本・ペーパーバック	Taschenbuch -(e)s/...bücher
カバー(本の)	Buchumschlag 男 -(e)s/...schläge
表紙	Buchdeckel 男 -s/-
目次	Inhaltsverzeichnis 中 -ses/-se
索引・インデックス	Register 中 -s/-
	Index 男 -(es)/-e, (...dizes)
ページ	Seite 女 -/-n
ページ数	Seitenzahl 女 -/-en
行	Zeile 女 -/-n

5. ショッピング

段落	Abschnitt 男 -(e)s/-e
図版・挿し絵	Illustration 女 -/-en
レイアウト・割付	Layout 中 -s/-s
出版する	verlegen
出版社	Verlag 男 -(e)s/-e
公刊する	publizieren
	veröffentlichen
刊行物	Veröffentlichung 女 -/-en
	Publikation 女 -/-en
版	Auflage 女 -/-n
初版	erste Auflage 女
改訂版	verbesserte Auflage 女
増補版	erweiterte Auflage 女
著者	Autor 男 -s/-en
編集	Redaktion 女 -/
編集する(新聞を〜)	eine Zeitung redigieren
	eine Zeitung heraus|geben
発行者・編集者	Herausgeber 男 -s/-
	Redakteur 男 -s/-e
翻訳する	übersetzen
訳者	Übersetzer 男 -s/-
印刷	Druck 男 -(e)s/
印刷する(文章を紙に〜)	einen Text auf Papier drucken
活字	Druckschrift 女 -/-en
ゲラ	Druckfahne 女 -/-n
	Korrekturfahne 女 -/-n
誤植・ミスプリント	Druckfehler 男 -s/-
訂正	Korrektur 女 -/-en
校正する	Korrektur lesen
本屋	Buchhandlung 女 -/-en
新刊書	Neuerscheinung 女 -/-en
古本	antiquarische Bücher 複

5．ショッピング

古本屋	Antiquariat 中 -(e)s/-e
稀覯本	Rarität 女 -/-en
全集	gesammelte Werke 複
双書・シリーズ	Reihe 女 -/-n
ベストセラー	Bestseller 男 -s/-
文学	Literatur 女 -/-en
文学史	Literaturgeschichte 女 -/
文芸書	Belletristik 女 -/
短編小説	Novelle 女 -/-n
長編小説	Roman 男 -s/-e
推理小説	Kriminalroman 男 -s/-e
	Krimi 男 -(s)/-(s)
SF小説	Science Fiction 女 -/
主人公	Held 男 -en/-en
	Heldin 女 -/-nen
作家	Schriftsteller 男 -s/-
小説家	Romanautor 男 -s/-en
	Romancier 男 -s/-s
寓話	Fabel 女 -/-n
随筆・エッセー	Essay 男・中 -s/-s
随筆家	Essayist 男 -en/-en
伝記	Biographie 女 -/-n
自叙伝	Autobiographie 女 -/-n
回想録	Memoiren 複
書評	Rezension 女 -/-en
批評家・評論家	Kritiker 男 -s/-
注釈	Anmerkung 女 -/-en
詩集	Gedichtsammlung 女 -/-en
実用書	Sachbuch 中 -(e)s/...bücher
漫画	Comicstrip 男 -s/-s
	Comic 男 -s/-s ＜ふつう複数で＞
絵本	Bilderbuch 中 -(e)s/...bücher

— 69 —

5．ショッピング

児童書	Kinderbuch 中 -(e)s/...bücher
聖書	Bibel 女 -/-n
辞書・辞典	Wörterbuch 中 -(e)s/...bücher
百科事典	Enzyklopädie 女 -/-n
ガイドブック	Reiseführer 男 -s/-
地図	Landkarte 女 -/-n
地図帳	Atlas 男 -(-ses)/Atlanten, -se
世界地図	Weltkarte 女 -/-n
	Weltatlas 男 -(-ses)/...lanten, -se
地球儀	Globus 男 -, ...busses/-se (...ben)
新聞	Zeitung 女 -/-en
日刊紙	Tageszeitung 女 -/-en
朝刊紙	Morgenausgabe 女 -/-n
夕刊紙	Abendzeitung 女 -/-en
	Abendblatt 中 -(e)s/...blätter
全国紙	überregionale Zeitung 女
地方紙	Lokalblatt 中 -(e)s/...blätter
スポーツ新聞	Sportzeitung 女 -/-en
大衆紙	Boulevardzeitung 女 -/-en
発行部数	Auflage(n)höhe 女 -/-n
ニュース	Nachrichten 複
トップ記事	Aufmacher 男 -s/-
社説	Leitartikel 男 -s/-
文芸欄	Feuilleton 中 -s/-s
新聞小説	Zeitungsroman 男 -s/-e
投書欄	Leserbriefe 複
広告欄	Anzeigenteil 男 -(e)s/-e
	Inseratenteil 男 -(e)s/-e
求人広告	Stellenanzeige 女 -/-n
三行広告	Kleinanzeige 女 -/-n
コラム	Kolumne 女 -/-n
報道の自由	Pressefreiheit 女 -/

5．ショッピング

言論の自由	Redefreiheit 囡 -/
検閲	Zensur 囡 -/
記事	Zeitungsartikel 男 -s/-n
見出し	Schlagzeile 囡 -/-n
新聞社	Zeitungsverlag 男 -(e)s/-e
新聞記者・ジャーナリスト	Journalist 男 -en/-en
特派員	Sonderberichterstatter 男 -s/-
リポーター	Reporter 男 -s/-
	Berichterstatter 男 -s/-
通信員	Korrespondent 男 -en/-en
カメラマン	Pressefotograf 男 -en/-en
編集者	Redakteur 男 -s/-e
論説委員	Kolumnist 男 -en/-en
インタビュー	Interview 中 -s/-s
記者会見	Pressekonferenz 囡 -/-en
世論	die öffentliche Meinung 囡
世論調査	Meinungsforschung 囡 -/-en
新聞予約購読者	Zeitungsabonnent 男 -en/-en
定期刊行物・雑誌	Zeitschrift 囡 -/-en
雑誌	Magazin 中 -s/-e
週刊誌	Wochenzeitschrift 囡 -/-en
月刊誌	Monatsheft 中 -(e)s/-e
	Monatsschrift 囡 -/-en
グラフ雑誌	Illustrierte 囡 ＜形容詞的変化＞
	Magazin 中 -s/-e
予約購読	Abonnement 中 -s/-s (スイス： -(e)s/-e)
予約購読する(新聞を〜)	eine Zeitung abonnieren
バックナンバー	ältere Nummern 複
部	Exemplar 中 -s/-e

— 71 —

5．ショッピング

(8) 電化製品

電化製品店	Elektrogeschäft 甲 -(e)s/-e
電化製品・電気器具	Elektrogerät 甲 -(e)s/-e
家電製品	elektrische Haushaltsgeräte 複
電球・白熱電球	Birne 女 -/-n
	Glühlampe 女 -/-n
蛍光灯	Neonröhre 女 -/-n
	Neonlampe 女 -/-n
ハロゲンランプ	Halogenlampe 女 -/-n
パイロットランプ	Kontrolllampe 女 -/-n
電気スタンド	Tischlampe 女 -/-n
懐中電灯	Taschenlampe 女 -/-n
電気掃除機	Staubsauger 男 -s/-
洗濯機	Waschmaschine 女 -/-n
乾燥機	Wäschetrockner 男 -s/-
アイロン	Bügeleisen 甲 -s/-
ミシン	Nähmaschine 女 -/-n
食器洗い機	Geschirrspülmaschine 女 -/-n
冷蔵庫	Kühlschrank 男 -(e)s/...schränke
電子レンジ	Mikrowelle 女 -/-n
電気レンジ	Elektroherd 男 -(e)s/-e
	Kochplatte 女 -/-n
トースター	Toaster 男 -s/-
コーヒーメーカー	Kaffeemaschine 女 -/-n
ジューサー	Entsafter 男 -s/-
ミキサー	Mixer 男 -s/-
電気ストーブ	Heizstrahler 男 -s/-
ヒーター・暖房装置	Heizung 女 -/-en
扇風機	Ventilator 男 -s/-en
	Lüfter 男 -s/-
エアコン・冷房	Klimaanlage 女 -/-n

— 72 —

5．ショッピング

電気剃刀	elektrischer Rasierapparat 男
ドライヤー	Fön 男 -(e)s/-e
電卓	Rechenmaschine 女 -/-n
電話	Telefon 中 -s/-e
	Fernsprecher 男 -s/-
ファックス	Faxgerät 中 -(e)s/-e
	Fernkopierer 男 -s/-
テレビ	Fernsehgerät 中 -(e)s/-e
	Fernseher 男 -s/-
テレビ番組	Fernsehprogramm 中 -s/-e
テレビを見る	fern|sehen
カラーテレビ	Farbfernsehgerät 中 -(e)s/-e
リモコン	Fernbedienung 女 -/-en
テレビゲーム・ファミコン	Videospiel 中 -(e)s/-e
	Telespiel 中 -(e)s/-e
ビデオデッキ	Videorekorder 男 -s/-
ビデオテープ	Videoband 中 -(e)s/...bänder
ビデオカセット	Videokasette 女 -/-n
ビデオカメラ	Videokamera 女 -/-s
ラジオ	Radio 中 -s/-s
	Radiogerät 中 -(e)s/-e
チューナー	Tuner 男 -s/-
アンテナ	Antenne 女 -/-n
ラジカセ	Radiorekorder 男 -s/-
カセット	Kassette 女 -/-n
テープレコーダー	Tonbandgerät 中 -(e)s/-e
ステレオセット(コンポ)	Stereoanlage 女 -/-n
レコード	Schallplatte 女 -/-n
レコードプレーヤー	Plattenspieler 男 -s/-
CD	Compact Disc 女 --/--s
	CD 女 -/-(s)

5. ショッピング

CDプレーヤー	CD-Player 男 -s/-
	CD-Spieler 男 -s/-
ウォークマン	Walkman 男 -(s)/-s, ...men
スピーカー	Lautsprecher 男 -s/-
ヘッドホン	Kopfhörer 男 -s/-
イヤホン	Ohrhörer 男 -s/-
ヘッドホンジャック	Kopfhörerbuchse 女 -/-n
マイク	Mikrofon 中 -s/-e
アンプ	Verstärker 男 -s/-
イコライザー	Equalizer 男 -s/-
ヒューズ	Sicherung 女 -/-en
ブレーカー	Leitungsschutzschalter 男 -s/-
配電盤ボックス	Schaltkasten 男 -s/...kästen
停電	Stromausfall 男 -(e)s/...fälle
コンセント	Steckdose 女 -/-n
プラグ	Stecker 男 -s/-
ソケット	Fassung 女 -/-en
スイッチ	Schalter 男 -s/-
電源ボタン	Hauptschalter 男 -s/-
アダプター	Adapter 男 -s/-
コード	Leitungskabel 中 -s/-
延長コード	Verlängerungskabel 中 -s/-
電線	Leitung 女 -/-en
	Leitungsdraht 男 -(e)s/...drähte
電池・バッテリー	Batterie 女 -/-n
乾電池	Trockenbatterie 女 -/-n
充電器	Ladegerät 中 -(e)s/-e
充電する(バッテリーを～)	eine Batterie laden
テレビをつける	den Fernseher ein|schalten
テレビを消す	den Fernseher aus|schalten
録画する(…を)	et.⁴ auf Videoband auf|nehmen
録音する(…を)	et.⁴ auf Tonband auf|nehmen

5．ショッピング

ヒューズが飛んだ　　　　　Die Sicherung ist
　　　　　　　　　　　　　　durchgebrannt.

会話パターン 12

A : Entschuldigen Sie, wie funktioniert das ?
B : Sie drücken zuerst auf diesen Knopf und dann wählen Sie einen Kanal aus.
A : Aha. Und was ist das hier ?
B : Damit können Sie die Lautstärke regulieren.
A : Ach, ist das ein Fernseher ?
B : Ja, was haben Sie denn gedacht ?
A : Ich dachte, es wäre ein Computer.

A : すみません，これどうやって動くんですか。
B : まずこのボタンを押して，それからチャンネルを選びます。
A : なるほど。そしてここのこれはなんですか。
B : これで音量を調節するんです。
A : あ，これテレビなんですか。
B : そうですよ，なんだと思ったんですか。
A : コンピュータかと思いました。

(9) コンピュータ

IT・情報技術	Informationstechnik 女 -/
情報処理	Datenverarbeitung 女 -/-en
コンピュータ	Computer 男 -s/-
パソコン	PC 男 -(s)/-(s)
デスクトップコンピュータ	Tischcomputer 男 -s/-
ノート型パソコン	Laptop 男 -s/-s
プログラム	Programm 中 -s/-e
コンピュータグラフィックス	Computergrafik 女 -/-en
記憶装置・メモリー	Speicher 男 -s/-

5. ショッピング

ROM	ROM 囲 -(s)/-(s)
	Festwertspeicher 男 -s/-
CD-ROM	CD-ROM 囡 -/-(s)
チップ	Chip 男 -s/-s
IC・集積回路	integrierter Schaltkreis 男
チップカード	Chipkarte 囡 -/-n
ハードウェアー	Hardware 囡 -/-s
ソフトウェアー	Software 囡 -/-s
OS	Betriebssystem 囲 -s/-e
バージョン	Version 囡 -/-en
互換性	Kompatibilität 囡 -/-en
ハードディスク	Festplatte 囡 -/-n
フロッピーディスク	Diskette 囡 -/-n
ディスクドライブ	Diskettenlaufwerk 囲 -(e)s/-e
初期化する・フォーマットする	eine Diskette formatieren
ワープロ	Textverarbeitungssystem 囲 -s/-e
モニター	Monitor 男 -s/-en
ディスプレー	Display 囲 -s/-s
画面	Bildschirm 男 -(e)s/-e
マウス	Maus 囡 -/
キーボード	Tastatur 囡 -/-n
キー	Taste 囡 -/-n
カーソル	Cursor 男 -s/-s
コマンド	Kommando 囲 -s/-s (...den)
	Befehl 男 -(e)s/-e
起動する	ein|schalten
再起動・リセットスタート	Neustart 男 -(e)s/-s
再起動する	einen Neustart aus|führen
入力	Input 男 (囲) -s/-s
	Eingabe 囡 -/-n

5．ショッピング

出力	Output 中 (中) -s/-s
	Ausgabe 女 -/-n
保存・セーブする	speichern
終了する	beenden
ファイル・データ	Datei 女 -/-en
	File 中 -s/-s
	Ordner 男 -s/-
検索する	suchen
データベース	Datenbank 女 -/-en
スキャナー	Scanner 男 -s/-
プリントする・印刷する	aus|drucken
プリンター	Drucker 男 -s/-
感熱紙	Thermopapier 中 -(e)s/-e
フォント	Zeichensatz 男 -es/…sätze ＜ふつう単数で＞
通信	Telekommunikation 女 -/
モデム	Modem 男(中) -s/-s
バイト	Byte 中 -(s)/-(s)
ビット	Bit 中 -(s)/-(s)
ネットワーク	Netzwerk 中 -(e)s/-e
	Network 中 -(s)/-s
インターネット	Internet 中 -s/-s
マルチメディア	Multimedia 中 -(s)/ ＜ふつう冠詞なしで＞
ホームページ	Homepage 女 -/-s
電子メール	E-Mail 女 -/-s
データ保護	Datenschutz 男 -es/
コンピュータウィルス	Computervirus 男 -/…viren
ハッカー	Hacker 男 -s/-s

5. ショッピング

(10) タバコ

タバコ・煙草	Tabak 男 -s/ (種類:-e)
	Tabakware 女 -/-n <ふつう複数で>
紙巻きタバコ・シガレット	Zigarette 女 -/-n
フィルター付きタバコ	Filterzigarette 女 -/-n
タバコ一箱	eine Schachtel Zigaretten 女
シガレットケース	Zigarettenetui 中 -s/-s
	Zigarrenkiste 女 -/-n
シガレットホルダー	Zigarettenspitze 女 -/-n
	Zigarrenspitze 女 -/-n
パイプ	Pfeife 女 -/-n
	Tabakspfeife 女 -/-n
パイプにタバコを詰める	sich³ eine Pfeife mit Tabak stopfen
葉巻・シガー	Zigarre 女 -/-n
噛みタバコ	Kautabak 男 -s/
	Priem 男 -(e)s/-e
嗅ぎタバコ	Schnupftabak 男 -s/
ライター	Feuerzeug 中 -(e)s/-e
マッチ	Streichholz 中 -es/...hölzer, -
	Zündholz 中 -es/...hölzer, -
マッチをする	ein Streichholz an|zünden
マッチ箱	Streichholzschachtel 女 -/-n
タバコに火をつける	eine Zigarette an|zünden
灰皿	Aschenbecher 男 -s/-
吸い殻	Zigarettenstummel 男 -s/-
喫煙者	Raucher 男 -s/-
ヘビースモーカー	starker Raucher 男
非喫煙者	Nichtraucher 男 -s/-
喫煙所	Raucherecke 女 -/-n

タバコを吸う	rauchen
ニコチン	Nikotin (Nicotin) 中 -s/
禁煙する	das Rauchen auf|geben
	mit dem Rauchen auf|hören
タバコ屋	Tabakwarengeschäft 中 -(e)s/-e
禁煙	Rauchen verboten !

6．観光と交通機関

(1) 町・都市

① 市街地

町・都市	Stadt 女 -/Städte
大都市	Großstadt 女 -/...städte
町の中心部・都心	Innenstadt 女 -/...städte
市役所・市庁舎	Rathaus 中 -es/...häuser
駅	Bahnhof 男 -(e)s/...höfe
病院	Krankenhaus 中 -es/...häuser
郵便局	Post 女 -/-en ＜複数まれ＞
銀行	Bank 女 -/-en
学校	Schule 女 -/-n
ホテル	Hotel 中 -s/-s
旧市街	Altstadt 女 -/...städte
広場	Platz 男 -es/Plätze
噴水	Brunnen 男 -s/-
彫像	Statue 女 -/-n
教会・聖堂	Kirche 女 -/-n
大聖堂	Dom 男 -(e)s/-e
劇場	Theater 中 -s/-
博物館・美術館	Museum 中 -s/Museen
コンサートホール	Konzerthalle 女 -/-n

6. 観光と交通機関

映画館	Kino 中 -s/-s
ディスコ	Disko 女 -/-s
	Diskothek 女 -/-en
ネオン	Neonlicht 中 -(e)s/-er
公園	Park 男 -s/-s (-e) (スイス：Pärke)
	Parkanlage 女 -/-n
動物園	Zoo 男 -s/-s
植物園	botanischer Garten 男
スポーツジム	Fitnesscenter 中 -s/-
喫茶店・カフェ	Café 中 -s/-s
	Konditorei 女 -/-en
	Kaffeehaus 中 -es/...häuser
レストラン	Restaurant 中 -s/-s
キオスク・売店	Kiosk 男 -(e)s/-e
	Verkaufsstand 男 -(e)s/...stände
露店・屋台	Marktbude 女 -/-n
	Marktstand 男 -(e)s/...stände
商店街	Einkaufsstraße 女 -/-n
デパート	Kaufhaus 中 -es/...häuser
	Warenhaus 中 -es/...häuser
スーパーマーケット	Supermarkt 男 -s/-s
ショッピングセンター	Einkaufszentrum 中 -s/...tren
	Einkaufscenter 中 -s/-
市場	Markt 男 -(e)s/Märkte
のみの市・フリーマーケット	Flohmarkt 男 -(e)s/...märkte
八百屋	Gemüseladen 男 -s/...läden
果物屋	Obstladen 男 -s/...läden
肉屋	Fleischerei 女 -/-en
	Metzgerei 女 -/-en
	Schlachterei 女 -/-en

6．観光と交通機関

魚屋	Fischgeschäft 中 -(e)s/-e
	Fischladen 男 -s/...läden
パン屋	Bäckerei 女 -/-en
菓子屋	Süßwarengeschäft 中 -(e)s/-e
食料品店	Lebensmittelgeschäft 中 -(e)s/-e
婦人服店・ブティック	Modegeschäft 中 -(e)s/-e
	Boutique 女 -/-n (-s)
手芸品店	Kurzwarengeschäft 中 -(e)s/-e
アクセサリーの店	Schmuckwarengeschäft 中 -(e)s/-e
薬局	Apotheke 女 -/-n
化粧品店	Parfümerie 女 -/-n
花屋	Blumengeschäft 中 -(e)s/-e
	Blumenladen 男 -s/...läden
クリーニング店	Reinigung 女 -/-en
コインランドリー	Waschsalon 男 -s/-s
靴屋	Schuhgeschäft 中 -(e)s/-e
	Schuhladen 男 -s/...läden
書店・本屋	Buchhandlung 女 -/-en
古書店・古本屋	Antiquariat 中 -(e)s/-e
文房具店	Schreibwarengeschäft 中 -(e)s/-e
レコード店	Schallplattengeschäft 中 -(e)s/-e
おもちゃ屋	Spielwarengeschäft 中 -(e)s/-e
	Spielwarenhandlung 女 -/-en
スポーツ用品店	Sportgeschäft 中 -(e)s/-e
家電販売店	Elektrogeschäft 中 -(e)s/-e
金物屋	Eisenwarenhandlung 女 -/-en
眼鏡屋	Optiker 男 -s/-
時計店	Uhrengeschäft 中 -(e)s/-e
宝石店	Juweliergeschäft 中 -(e)s/-e
家具店	Möbelgeschäft 中 -(e)s/-e
骨董品店	Antiquitätenladen 男 -s/...läden
せともの屋	Porzellanladen 男 -s/...läden

6. 観光と交通機関

旅行代理店	Reisebüro 中 -s/-s

② 道路

道・通路	Weg 男 -(e)s/-e
道路・通り・街路	Straße 女 -/-n
大通り	Boulevard 男 -s/-s
並木道	Allee 女 -/-n
横町・路地	Gasse 女 -/-n
幹線道路	Landstraße 女 -/-n
環状道路	Ringstraße 女 -/-n
バイパス・迂回道路	Umgehungsstraße 女 -/-n
高速道路・アウトバーン	Autobahn 女 -/-en
有料道路	gebührenpflichtige Straße 女
	Mautstraße 女 -/-n ＜オーストリア＞
料金所	Mautstelle 女 -/-n ＜オーストリア＞
インターチェンジ	Autobahnkreuz 中 -es/-e
サービスエリア	Autobahnraststätte 女 -/-n
国道・連邦道	Bundesstraße 女 -/-n
	Landstraße 女 -/-n
公道	öffentlicher Weg 男
私道	Privatweg 男 -(e)s/-e
車道	Fahrbahn 女 -/-en
自転車専用道	Radweg 男 -(e)s/-e
歩道	Bürgersteig 男 -(e)s/-e
歩行者天国	Fußgängerzone 女 -/-n
石畳	Kopfsteinpflaster 中 -s/-
広告柱	Litfaßsäule 女 -/-n
横断歩道	Zebrastreifen 男 -s/-
電柱・電信柱	Leitungsmast 男 -(e)s/-en (-e)
歩道橋	Fußgängerbrücke 女 -/-n
歩行者	Fußgänger 男 -s/-

6．観光と交通機関

歩く	gehen
	laufen
散歩	Spaziergang 男 -(e)s/...gänge
散歩する	spazieren gehen
小道	Pfad 男 -(e)s/-e
信号	Ampel 女 -/-n
交差点	Kreuzung 女 -/-en
ロータリー	Kreisverkehr 男 -s/
交通標識・道路標識	Verkehrszeichen 中 -s/-
一方通行	Einbahnstraße 女 -/-n
Uターンする	wenden
ラッシュアワー	Berufsverkehr 男 -s/
	Hauptverkehrszeit 女 -/-en
渋滞	Stau 男 -(e)s/-s
車線	Fahrspur 女 -/-en
追い越し車線	Überholspur 女 -/-en
中央分離帯	Mittelstreifen 男 -s/-
ガードレール	Leitplanke 女 -/-n

会話パターン 13

A：Entschuldigen Sie, wie komme ich zum Theater?
B：Gehen Sie hier geradeaus und an der zweiten Kreuzung rechts. Dann finden Sie das Theater auf der linken Seite.
A：Es tut mir leid, aber könnten Sie es bitte noch einmal sagen?
B：Ja, also, hier geradeaus, an der zweiten Kreuzung rechts und dann auf der linken Seite auf ein großes, braunes Gebäude achten.
A：Alles klar. Vielen Dank!
B：Keine Ursache!

6. 観光と交通機関

A：すみません，どうやったら劇場へ行けますか。
B：ここをまっすぐ行って2番目の交差点を右へ曲がってください。そうすると左側に劇場が見えます。
A：ごめんなさい，もう一度言ってもらえますか？
B：はい，いいですか，ここをまっすぐ行って，2番目の交差点を右へ曲がって，それから左側の大きな茶色い建物に注意してください。
A：わかりました。ありがとうございました。
B：どういたしまして。

(2) 旅行・観光

① 旅行・観光

旅行・旅	Reise 囡 -/-n
旅行者	Reisende 男・囡 ＜形容詞的変化＞
旅行代理店	Reisebüro 囲 -s/-s
旅行先	Reiseziel 囲 -(e)s/-e
旅行日程	Reiseplan 男 -(e)s/...pläne
旅費	Reisekosten 複
旅行用品	Reiseartikel 男 -s/-
旅支度をする	eine Reise vor|bereiten
旅行ガイド	Reiseführer 男 -s/-
新婚旅行	Hochzeitsreise 囡 -/-n
出張	Geschäftsreise 囡 -/-n
	Dienstreise 囡 -/-n
海外旅行	Auslandsreise 囡 -/-n
パスポート	Pass 男 -es/Pässe
ビザ	Visum 囲 -s/Visa, Visen
旅行傷害保険	Reiseversicherung 囡 -/-en
トラベラーズチェック	Reisescheck 男 -s/-s
クレジットカード	Kreditkarte 囡 -/-n

6．観光と交通機関

大使館	Botschaft 女 -/-en
団体旅行	Gruppenreise 女 -/-n
ツアー	Tour 女 -/-en
遠足	Ausflug 男 -(e)s/...flüge
添乗員・ガイド	Reisebegleiter 男 -s/-
通訳	Dolmetscher 男 -s/-
休暇・バカンス	Urlaub 男 -(e)s/-e
旅行シーズン	Reisesaison 女 -/-s
シーズンオフ	außerhalb der Saison
周遊・遊覧	Rundfahrt 女 -/-en
観光旅行	Stadtrundfahrt 女 -/-en
	Besichtigungsfahrt 女 -/-en
観光客	Tourist 男 -en/-en
観光ルート	Reiseroute 女 -/-n
観光バス	Reisebus 男 -ses/-se
観光案内所	Touristeninformation 女 -/
	Verkehrsamt 中 -(e)s/...ämter
観光パンフレット	Reiseprospekt 男 (中) -(e)s/-e
名所	Sehenswürdigkeit 女 -/-en ＜ふつう複数で＞
史跡	historische Stätten 複
城	Burg 女 -/-en
宮殿・王宮	Schloss 中 -es/Schlösser
居城	Residenz 女 -/-en
記念碑	Denkmal 中 -s/...mäler (-e)
行楽地・保養地	Ferienort 男 -(e)s/-e
湯治場	Kurort 男 -(e)s/-e
バックパッカー	Rucksacktourist 男 -en/-en
ヒッチハイクする(…へ)	nach ～ trampen

② ホテル・ユースホステル

ホテル	Hotel 中 -s/-s

— 85 —

6. 観光と交通機関

泊まる(ホテルに～)	im Hotel übernachten
三ツ星ホテル	Hotel mit drei Sternen 甲
民宿	Pension 囡 -/-en
ユースホステル	Jugendherberge 囡 -/-n
部屋	Zimmer 甲 -s/-
シングルルーム・一人部屋	Einzelzimmer 甲 -s/-
ツインルーム・二人部屋	Zweibettzimmer 甲 -s/-
ダブルルーム	Doppelzimmer 甲 -s/-
スイートルーム	Suite 囡 -/-n
バス／シャワー付きの部屋	Zimmer mit Bad/Dusche 甲
部屋番号	Zimmernummer 囡 -/-n
部屋の鍵	Zimmerschlüssel 男 -s/-
受け付け・フロント	Rezeption 囡 -/-en
	Empfang 男 -(e)s/Empfänge
ロビー	Halle 囡 -/-n
貴重品	Wertsache 囡 -/-n ＜ふつう複数で＞
モーニングコール	Weckruf 男 -(e)s/-e
チェックインする	ein|checken
チェックアウトする	aus|checken
計算書・請求書	Rechnung 囡 -/-en
会計する	die Rechnung bezahlen
宿泊料	Übernachtungskosten 複
サービス料	Bedienungsgeld 甲 -es/-er
チップ	Trinkgeld 甲 -es/-er
ルームサービス	Zimmerservice 男 -/
ミニバー	Minibar 囡 -/-s
非常階段	Nottreppe 囡 -/-n
非常口	Notausgang 男 -(e)s/...gänge
エレベーター	Fahrstuhl 男 -(e)s/...stühle
	Aufzug 男 -(e)s/...züge
支配人	Geschäftsführer 男 -s/-

6．観光と交通機関

従業員・スタッフ	Personal 中 -s/
フロント係	Empfangschef 男 -s/-s
	Empfangsdame 女 -/-n
ボーイ	Page 男 -n/-n
	Boy 男 -s/-s
ルームメイド	Zimmermädchen 中 -s/-
夜勤	Nachtdienst 男 -(e)s/
空き部屋あり	Zimmer frei.
予約する	ein Zimmer reservieren lassen
予約を取り消す	die Reservierung ab|stellen

<u>会話パターン 14</u>

A：Haben Sie noch ein Einzelzimmer frei？
B：Ja. Ein Einzelzimmer mit Dusche kostet 90 Euro pro Nacht.
A：In Ordnung. Ich möchte 3 Tage bleiben.
B：Würden Sie sich dann bitte hier eintragen？
A：Ja. ... Wo soll ich unterschreiben？
B：Hier, bitte. ... Danke schön. Also, hier ist Ihr Schlüssel. Der Frühstücksraum befindet sich in der zweiten Etage gegenüber dem Aufzug. Ich wünsche Ihnen einen angenehmen Aufenthalt.
A：Danke sehr.

A：シングルルームはまだ空いていますか。
B：はい。シャワー付きシングルですと一晩につき90ユーロになります。
A：それで結構です。3泊したいのですが。
B：では，ここに記入していただけますか。
A：はい。...どこにサインをすればいいのですか。
B：ここにお願いします。...ありがとうございます。では，これがお客様の鍵です。朝食の食堂は3階のエレベーターの向か

6. 観光と交通機関

いにあります。どうぞごゆっくり。
A：どうもありがとう。

③　郵便

郵便局	Post 囡 -/-en ＜ふつう単数で＞
	Postniederlassung 囡 -/-en
郵便局員	Postangestellte 男・囡 ＜形容詞的変化＞
郵便配達人	Briefträger 男 -s/-
配達する(…に…を)	jm. et.⁴ zu|stellen
郵便ポスト	Briefkasten 男 -s/...kästen
郵便料金	Postgebühr 囡 -/-en
	Tarif 男 -s/-e
郵便物	Post 囡 -/-en ＜ふつう単数で＞
はがき	Postkarte 囡 -/-n
絵はがき	Ansichtskarte 囡 -/-n
往復はがき	Antwortpostkarte 囡 -/-n
手紙・書簡	Brief 男 -(e)s/-e
エアログラム・航空書簡	Aerogramm 回 -s/-e
	Luftpostleichtbrief 男 -(e)s/-e
手紙を書く(…に)	an jn. einen Brief schreiben
投函する(手紙を〜)	einen Brief ein|werfen
便りがある(…から)	von jm. einen Brief bekommen
返信	Antwort 囡 -/-en
返信する	auf einen Brief antworten
	einen Brief beantworten
切手	Briefmarke 囡 -/-n
切手を貼る(…に)	et.⁴ frankieren
	et.⁴ frei|machen
記念切手	Sonder(brief)marke 囡 -/-n
切手シート	Briefmarkenbogen 男 -s/-

6．観光と交通機関

便せん	Briefbogen 男 -s/-
	Briefpapier 中 -s/-e
封筒	Briefumschlag 男 -(e)s/...schläge
宛名・住所	Adresse 女 -/-n
	Anschrift 女 -/-en
受取人	Empfänger 男 -s/-
差出人	Absender 男 -s/-
郵便番号	Postleitzahl 女 -/-en
消印	Poststempel 男 -s/-
速達	Eilsendung 女 -/-en
速達料金	Eilgebühr 女 -/-en
書留	Einschreiben 中 -s/-
書留料金	Einschreibegebühr 女 -/-en
小包	Paket 中 -(e)s/-e
	Päckchen 中 -s/-
発送する	ab|senden
	ab|schicken
外国郵便	Auslandssendung 女 -/-en
航空便で	mit Luftpost
船便で	per Schiff
親展	Persönlich !
取扱注意	Vorsicht, zerbrechlich !
郵便為替	Postanweisung 女 -/-en
郵便振替	Postüberweisung 女 -/-en
郵便小切手	Post(bar)scheck -s/-s

会話パターン 15

A：Ich möchte dieses Paket nach Japan schicken.
B：Mit Luftpost ?
A：Nein, per Schiff, bitte.
B：Die kostet 45.80 Euro.
A：Und ich hätte gern auch Briefmarken.

6．観光と交通機関

B：Die bekommen Sie am Schalter 3.
A：Alles klar. Danke schön.

A：この小包を日本へ送りたいのですが。
B：航空便で？
A：いえ，船便でお願いします。
B：45ユーロ80セントになります。
A：それと切手もほしいのですが。
B：それは3番窓口になります。
A：わかりました。どうもありがとう。

④ 電話

電話	Telefon 甲 -s/-e
携帯電話	Handy 甲 -s/-s
コードレス電話	schnurloses Telefon 甲
公衆電話	öffentlicher Fernsprecher 男
コイン式電話	Münztelefon 甲 -s/-e
電話ボックス	Telefonzelle 女 -/-n
テレホンカード	Telefonkarte 女 -/-n
電話交換局・交換台	Telefonzentrale 女 -/-n
交換手	Telefonist 男 -en/-en
電話番号	Telefonnummer 女 -/-n
市外局番	Vorwahl 女 -/...nummern
代表番号	Sammelnummer 女 -/-n
内線	Nebenstelle 女 -/-n
	Nebenanschluss 男 -es/...schlüsse
110番	110
119番	112
電話機	Telefonapparat 男 -(e)s/-e
受話器	Hörer 男 -s/-
文字盤・ダイヤル	Wählscheibe 女 -/-n

6．観光と交通機関

電話帳	Telefonbuch 囲 -(e)s/...bücher
電話料金・通話料金	Telefongebühr 囡 -/-en ＜ふつう複数で＞
市内通話	Ortsgespräch 囲 -(e)s/-e
	Stadtgespräch 囲 -(e)s/-e
市外通話・遠距離電話	Ferngespräch 囲 -(e)s/-e
国際電話	Auslandsgespräch 囲 -(e)s/-e
コレクトコール	R-Gespräch 囲 -(e)s/-e
電話をかける(…に)	jn. an|rufen
受話器をとる	den Hörer ab|nehmen
ダイヤルを回す	eine Nummer wählen
話し中	besetzt
受話器を置く・切る	den Hörer auf|legen
留守番電話	Anrufbeantworter 男 -s/-
電信の	telegrafisch
ファックス	Fax 囲 -/-(e)
テレックス	Telex 囲 -/-(e)
電報	Telegramm 囲 -s/-e
祝電	Glückwunschtelegramm 囲 -s/-e
弔電	Beileidstelegramm 囲 -s/-e
電報を打つ	ein Telegramm auf|geben
伝言を残す	jm. et.^{4} aus|richten lassen

<u>会話パターン 16</u>

A：Schmidt.
B：Yamamoto. Guten Tag. Kann ich bitte Herrn Schmidt sprechen？
A：Tut mir leid, aber er ist im Moment nicht zu Hause.
B：Ach, so. Dann versuche ich eben später noch einmal anzurufen.
A：Warten Sie！ Er ist gerade zurückgekommen. Bitte, bleiben Sie am Apparat！

― 91 ―

6．観光と交通機関

A：こちらシュミットです。
B：ヤマモトと申します，こんにちは。シュミットさんとお話しできますか。
A：申し訳ありませんが，シュミットはただいま席を外しています。
B：そうですか。では，あとでもう一度電話してみることにします。
A：待ってください。たったいま戻って参りました。そのままお待ちください。

⑤　銀行

銀行	Bank 囡 -/-en
銀行員	Bankangestellte 男・囡 ＜形容詞的変化＞
利息・利子	Zins 男 -es/-en ＜ふつう複数で＞
口座	Konto 甲 -s/ ...ten (-s,...ti)
口座番号	Kontonummer 囡 -/-n
振替口座	Girokonto 甲 -s/...ten
貯蓄口座	Sparkonto 甲 -s/...ten
定期預金	Festgeld 甲 -es/
口座を開く	bei einer Bank ein Konto eröffnen
預金する	Geld auf ein Konto ein|zahlen
預金通帳	Sparbuch 甲 -(e)s/...bücher
引き出す・おろす	Geld vom Konto ab|heben
預金残高	Kontostand 男 -(e)s/...stände
残高通知書	Kontoauszug 男 -(e)s/...züge
小切手	Scheck 男 -s/-s
トラベラーズチェック	Reisescheck 男 -s/-s
クレジットカード	Kreditkarte 囡 -/-n
現金自動支払機・ATM	Geldautomat 男 -en/-en
預け入れ・振り込み	Einzahlung 囡 -/-en

6．観光と交通機関

振替	Überweisung 囡 -/-en
為替手形	Wechsel 男 -s/-
外国為替レート	Wechselkurs 男 -es/-e
	Devisenkurs 男 -es/-e
金庫	Tresor 男 -s/-e
	Geldschrank 男 -(e)s/...schränke
通貨	Währung 囡 -/-en
現金	Bargeld 中 -es/
紙幣	Geldschein 男 -(e)s/-e
	Banknote 囡 -/-n
硬貨・コイン	Münze 囡 -/-n
小銭	Kleingeld 中 -es/
円	Yen 男 -(s)/-(s)
マルク	Mark 囡 -/-
プフェニヒ	Pfennig 男 -s/-e
シリング	Schilling 男 -s/-e
グロッシェン	Groschen 男 -s/-
フラン	Franc 男 -/-s
ドル	Dollar 男 -(s)/-s
ユーロ	Euro 男 -(s)/-(s)
セント	Cent 男 -(s)/-(s)
両替	Geldwechsel 男 -s/- ＜ふつう単数で＞
両替所	Wechselstube 囡 -/-n
円をユーロに替える	Yen in Euro wechseln
	Yen gegen Euro ein|tauschen

<u>会話パターン 17</u>

A：Kann man hier Reiseschecks einlösen？
B：Ja．Ihren Pass, bitte．
A：Hier, bitte schön．
B：Würden Sie bitte hier unterschreiben？

6. 観光と交通機関

A：Ja. ... Ich hätte gern auch Kleingeld.
B：In Ordnung.

A：ここでトラベラーズチェックを換金できますか。
B：できますよ。パスポートをお願いします。
A：これです，どうぞ。
B：ここにサインしてもらえますか。
A：はい。... 小銭もほしいのですが。
B：わかりました。

(3) 陸の旅

① 鉄道

鉄道・電車	Eisenbahn 囡 -/-en
ドイツ鉄道	Deutsche Bahn 囡 (略：DB)
私鉄	Privatbahn 囡 -/-en
地下鉄	U-Bahn 囡 -/-en
郊外(近郊)鉄道	Regionalbahn 囡 -/-en
列車・汽車	Zug 男 -(e)s/Züge
路面電車・市街電車	Straßenbahn 囡 -/-en
	Tram 囡 -/-s (スイス：囲 -s/-s)
IC・都市間特急	IC 男 (Inter City; -s/-s)
ICE・都市間超特急	ICE 男 (Inter City Express; -es/-züge)
EC・ヨーロッパ都市間特急	EC 男 (Euro City; -s/-s)
IR・地方都市間急行	IR 男 (Inter Regio; -s/-s)
急行列車	Schnellzug 男 -(e)s/...züge
	D-Zug 男 -(e)s/...Züge
準急・快速列車	Eilzug 男 -(e)s/...züge

6．観光と交通機関

各駅停車	Personenzug 男 -(e)s/...züge
	Nahverkehrszug 男 -(e)s/...züge
都市高速鉄道	S-Bahn 女 -/-en
登山電車	Bergbahn 女 -/-en
ケーブルカー・ロープウェー	Seilbahn 女 -/-en
リニアモーターカー	Magnetschwebebahn 女 -/-en
モノレール	Einschienenbahn 女 -/-en
単線の	eingleisig
複線の	doppelgleisig
夜行列車	Nachtzug 男 -(e)s/...züge
臨時列車・特別列車	Sonderzug 男 -(e)s/...züge
車両	Wagen 男 -s/-
客車	Personenwagen 男 -s/-
コンパートメント	Abteil 中 -(e)s/-e
オープン車両	Großraumwagen 男 -s/-
座席	Sitzplatz 男 -es/...plätze
網棚	Gepäcknetz 中 -es/-e
寝台車	Schlafwagen 男 -s/-
簡易寝台車	Liegewagen 男 -s/-
喫煙車	Raucher 男 -s/- ＜無冠詞で＞
禁煙車	Nichtraucher 男 -s/- ＜無冠詞で＞
食堂車	Speisewagen 男 -s/-
貨物列車	Güterzug 男 -(e)s/...züge
貨車	Güterwagen 男 -s/-
機関車	Lokomotive 女 -/-n
蒸気機関車	Dampflokomotive 女 -/-n
電気機関車	elektrische Lokomotive 女
ディーゼル機関車	Diesellokomotive 女 -/-n
旅客・乗客	Fahrgast 男 -(e)s/...gäste
乗務員	Zugpersonal 中 -s/

6. 観光と交通機関

機関士	Lokomotivführer 男 -s/-
車掌	Schaffner 男 -s/-
検札係	Kontrolleur 男 -s/-e
駅	Bahnhof 男 -(e)s/...höfe
	Station 女 -/-en
始発駅	Abfahrt(s)bahnhof 男 -(e)s/...höfe
終着駅・終点	Endstation 女 -/-en
乗り換え駅	Umsteigebahnhof 男 -(e)s/...höfe
到着	Ankunft 女 -/ (スイス：-/Ankünfte)
出発	Abfahrt 女 -/-en
〜発の	ab 〜
〜行きの	nach 〜
〜経由で	über 〜
〜方面	Richtung 〜
旅費	Fahr(t)kosten 複
運賃	Tarif 男 -s/-e
切符・乗車券	Fahrkarte 女 -/-n
	Fahrschein 男 -(e)s/-e
	Fahrausweis 男 -es/-e
片道切符	einfache Fahrkarte 女
往復切符	Rückfahrkarte 女 -/-n
往復で	hin und zurück
一等	erste Klasse 女
二等	zweite Klasse 女
割引	Ermäßigung 女 -/-en
回数券	Streifenkarte 女 -/-n
	Fahrscheinblock 男 -(e)s/-s, ...blöcke
一週間券	Wochenkarte 女 -/-n
一ヶ月券・定期券	Monatskarte 女 -/-n
	Dauerkarte 女 -/-n
特急券	Zuschlag 男 -(e)s/...schläge

6．観光と交通機関

指定券・座席指定券	Platzkarte 女 -/-n
寝台券	Schlafwagenkarte 女 -/-n
キセル乗車・不正乗車をする	schwarz|fahren
切符売場・切符売り窓口	Fahrkartenschalter 男 -s/-
切符販売機	Fahrkartenautomat 男 -en/-en
改札口	Sperre 女 -/-n
自動改札機	Entwerter 男 -s/-
改札する	eine Fahrkarte entwerten
コンコース・駅のホール	Bahnhofshalle 女 -/-n
時刻表	Fahrplan 男 -(e)s/...pläne
時刻表(冊子)	Kursbuch 中 -(e)s/...bücher
案内所	Auskunftsschalter 男 -s/-
待合い室	Wartesaal 男 -(e)s/...säle
キオスク	Kiosk 男 -(e)s/-e
手荷物一時預かり所	Gepäckaufbewahrung 女 -/-en
預かり証	Aufbewahrungsschein 男 -(e)s/-e
手荷物を預ける	die Koffer bei der Gepäckaufbewahrung ab|geben
コインロッカー	Schließfach 中 -(e)s/...fächer
駅長	Bahnhofsvorsteher 男 -s/- Bahnhofsvorstand 男 -(e)s/...stände ＜オーストリア＞
遺失物保管所	Fundbüro 中 -s/-s
プラットホーム	Bahnsteig 男 -(e)s/-e
踏切	Bahnübergang 男 -(e)s/...gänge
信号機	Signal 中 -s/-e
陸橋	Bahnüberführung 女 -/-en
線路	Gleis 中 -es/-e
レール	Schiene 女 -/-n
乗車する	in den Zug ein|steigen

— 97 —

6．観光と交通機関

下車する	aus dem Zug aus|steigen
乗り換える	um|steigen
乗り遅れる	den Zug verpassen
鉄道事故	Eisenbahnunglück 中 -(e)s/-e
衝突する	mit et.³ zusammen|stoßen
脱線する	entgleisen
人身事故	Unfall mit Verletzten 男
遅延	Verspätung 女 -/-en
ストライキ	Streik 男 -(e)s/-s
ストライキをする	streiken
3番線に	auf Gleis 3

<u>会話パターン 18</u>

(Am Schalter)

A：Was kostet es bis zum Frankfurter Flughafen？
B：Eine einfache Fahrt zweiter Klasse kostet 58 Euro.
A：Gut．Einen Nichtraucherplatz, bitte.
B：Wollen Sie eine Platzreservierung？ Der Zug ist ziemlich voll um diese Zeit.
A：Ja．Das wäre besser.
B：Großraumwagen oder Abteil？
A：Großraumwagen, bitte.
B：Ja, ... hier ist Ihre Karte．Sie steigen in Mainz um. Die Verbindung steht auf dieser Karte hier.
A：Vielen Dank.

(切符販売窓口で)

A：フランクフルト空港駅までいくらですか。
B：片道2等車で58ユーロです。
A：わかりました。禁煙席一枚お願いします。
B：座席の予約はしますか。列車はこの時間とても混んでますよ。
A：ええ。できればそのほうが。

― 98 ―

6．観光と交通機関

B：オープン車両それともコンパートメント？
A：オープン車両でお願いします。
B：はい，... これが切符です。マインツで乗り換えです。接続はこちらのカードに書いてありますから。
A：どうもありがとう。

会話パターン 19

(Auf dem Bahnsteig)
A：Wann fährt der nächste Zug nach München？
B：In zwanzig Minuten.
A：Ist das der Zug nach München？
B：Nein, Sie müssen auf Gleis 12.
A：Aber im Fahrplan steht Gleis 8.
B：Wo？ Zeigen Sie mal. ... Das ist ein Sonderzug. Der fährt nur sonntags. Heute ist Dienstag.
A：Ach, so. Jetzt verstehe ich. Danke sehr.

(ホームで)
A：次のミュンヒェン行きの列車は，いつ出ますか。
B：20分後ですよ。
A：これがミュンヒェン行きの列車ですか。
B：いいえ，12番ホームに行ってください。
A：でも時刻表には8番ホームとなってますけど。
B：どこに？ ちょっと見せてください。…これは臨時列車ですよ。それは日曜にしか走りません。今日は火曜です。
A：ああ，なるほど。やっとわかりました。ありがとうございます。

②　自動車

車	Wagen 男 -s/-
自動車	Auto 中 -s/-s
乗用車	Pkw 男 -(s)/-s

6．観光と交通機関

レンタカー	Mietauto 中 -s/-s
	Leihwagen 男 -s/-
レンタカー店	Autoverleih 男 -(e)s/-e
タクシー	Taxi 中（スイス：男）-s/-s
新車	Neuwagen 男 -s/-
中古車	Gebrauchtwagen 男 -s/-
トラック	Lastwagen 男 -s/-
	Lkw 男 -(s)/-s
バス	Bus 男 -ses/-se
パトカー	Streifenwagen 男 -s/-
救急車	Krankenwagen 男 -s/-
消防車	Feuerwehrauto 中 -s/-s
ダンプカー	Kipper 男 -s/-
トラクター	Traktor 男 -s/-en
タンクローリー	Tankwagen 男 -s/-
コンクリートミキサー	Betonmischmaschine 女 -/-n
	Betonmischer 男 -s/-
フォークリフト	Gabelstapler 男 -s/-
キャタピラー車	Raupenfahrzeug 中 -(e)s/-e
クレーン車	Kran 男 -(e)s/Kräne
パワーショベル	Bagger 男 -s/-
ブルドーザー	Planierraupe 女 -/-n
ロードローラー	Straßenwalze 女 -/-n
レッカー車	Abschleppwagen 男 -s/-
スポーツカー	Sportwagen 男 -s/-
キャンピングカー	Wohnwagen 男 -s/-
ジープ	Jeep 男 -s/-s
レーシングカー	Rennwagen 男 -s/-
ライトバン	Lieferwagen 男 -s/-
クーペ	Coupé 中 -s/-s
オープンカー	Cabrio 中 -s/-s
ステーションワゴン	Kombi 男 -(s)/-s

6. 観光と交通機関

リムジン・セダン	Limousine 女 -/-n
GT車	GT-Wagen 男 -s/-
四輪駆動車	Geländewagen 男 -s/-
オートマティック車	Auto mit Automatik
標準装備	Standardausrüstung 女 -/ <ふつう単数で>
車体・ボディ	Karosserie 女 -/-n
ルーフ	Dach 中 -(e)s/Dächer
ボンネット	Motorhaube 女 -/-n
	Kühlerhaube 女 -/-n
トランク	Kofferraum 男 -(e)s/...räume
マフラー(車等の)	Auspuff 男 -(e)s/-e
排気管	Auspuffrohr 中 -(e)s/-e
車輪	Rad 中 -es/Räder
ホイールキャップ	Radkappe 女 -/-n
前輪	Vorderrad 中 -es/...räder
後輪	Hinterrad 中 -es/...räder
タイヤ	Reifen 男 -s/-
バンパー	Stoßstange 女 -/-n
ナンバープレート	Nummernschild 中 -(e)s/-er
ヘッドライト	Scheinwerfer 男 -s/-
テールランプ	Rücklicht 中 -(e)s/-er
ドア	Tür 女 -/-en
ドアロック	Türschloss 中 -es/...schlösser
フロントガラス	Windschutzscheibe 女 -/-n
	Frontscheibe 女 -/-n
シート	Sitz 男 -es/-e
リアシート・後部座席	Rücksitz 男 -es/-e
シートベルト	Sicherheitsgurt 男 -(e)s/-e (-en)
ウインカー	Blinker 男 -s/-
	Blinkleuchte 女 -/-n
ワイパー	Scheibenwischer 男 -s/-

6. 観光と交通機関

サイドミラー	Außenspiegel 男 -s/-
バックミラー	Rückspiegel 男 -s/-
ハンドル	Lenkrad 中 -es/...räder
クラクション	Hupe 女 -/-n
アクセル(ペダル)	Gaspedal 中 -s/-e
アクセルを踏む	Gas geben
	aufs Gas treten
ブレーキ(ペダル)	Bremse 女 -/-n
	Bremspedal 中 -s/-e
サイドブレーキ・ハンドブレーキ	Handbremse 女 -/-n
ブレーキをかける	bremsen
	die Bremse (an|)ziehen
クラッチ(ペダル)	Kupplung 女 -/-en
	Kupplungspedal 中 -s/-e
クラッチを入れる	kuppeln
シフトレバー・変速レバー	Schalthebel 男 -s/-
ギアチェンジする	schalten
ギアをセカンドにする	in den zweiten Gang schalten
ギアをバックに入れる	in den Rückwärtsgang schalten
計器盤・ダッシュボード	Armaturenbrett 中 -(e)s/-er
速度計・タコメーター	Tachometer 男 (中) -s/-
	Geschwindigkeitsmesser 男 -s/-
回転速度計	Drehzahlmesser 男 -s/-
走行距離	Kilometerstand 男 -(e)s/...stände
点火装置	Zündung 女 -/-en
イグニッションキー	Zündschlüssel 男 -s/-
カーラジオ	Autoradio 中 -s/-s
グローブボックス・ダッシュボードの小物入れ	Handschuhfach 中 -(e)s/...fächer
換気装置・通風装置	Ventilator 男 -s/-en
	Lüfter 男 -s/-

6．観光と交通機関

エンジン	Motor 男 -s/-en
エンジンオイル	Motorenöl 中 -(e)s/ (種類：-e)
バッテリー	Batterie 女 -/-n
ラジエーター・冷却装置	Kühler 男 -s/-
ドライバー	Fahrer 男 -s/-
職業ドライバー	Berufsfahrer 男 -s/-
同乗者	Beifahrer 男 -s/-
	Mitfahrer 男 -s/-
免許証	Führerschein 男 -(e)s/-e
自動車保険	Kraftfahrzeugversicherung 女 -/-en
車検証	Fahrzeugbrief 男 -(e)s/-e
自動車教習所	Fahrschule 女 -/-n
速度	Geschwindigkeit 女 -/-en
速度制限	Geschwindigkeitsbegrenzung 女 -/-en
	Geschwindigkeitsbeschränkung 女 -/-en
制限(最高)速度	Geschwindigkeitsgrenze 女 -/-n
スピード違反	Geschwindigkeitsüberschreitung 女 -/-en
時速	Geschwindigkeit pro Stunde
駐車する	parken
駐車場	Parkplatz 男 -es/...plätze
パーキングメーター	Parkuhr 女 -/-en
燃料	Treibstoff 男 -(e)s/-e
	Kraftstoff 男 -(e)s/-e
ガソリン	Benzin 中 -s/ (種類：-e)
ガソリンスタンド	Tankstelle 女 -/-n
給油係	Tankwart 男 -(e)s/-e
ガソリンタンク	Benzintank 男 -s/-s (-e)
満タンにする	voll tanken

6. 観光と交通機関

故障	Panne 囡 -/-n
	Defekt 男 -(e)s/-e
パンクする	eine Reifenpanne haben
修理工場	Werkstatt 囡 -/...stätten
自動車修理工・整備士	Automechaniker 男 -s/-
修理する(…を)	et.⁴ reparieren
交通事故	Verkehrsunfall 男 -(e)s/...fälle
運転する(車を〜)	ein Auto fahren
加速する	die Geschwindigkeit erhöhen
減速する	die Geschwindigkeit herab|setzen
追い越す	überholen
衝突する(…と)	mit et.³ zusammen|stoßen
追突する(…に)	auf et.⁴ auf|fahren
轢く(歩行者を〜)	einen Fußgänger überfahren
ひき逃げする	Fahrerflucht begehen

③ バス・タクシー

バス	Bus 男 -ses/-se
バスに乗る	in den Bus steigen
バス停留所	Bushaltestelle 囡 -/-n
運転士	Busfahrer 男 -s/-
車掌	Schaffner 男 -s/-
路線バス	Linienbus 男 -ses/-se
長距離バス	Überlandbus 男 -ses/-se
リクライニングシート	Liegesitz 男 -es/-e
観光バス	Reisebus 男 -ses/-se
スクールバス	Schulbus 男 -ses/-se
マイクロバス	Kleinbus 男 -ses/-se
2階建てバス	Doppelstockbus 男 -ses/-se
トロリーバス	Oberleitungsbus 男 -ses/-se
シャトルバス	Pendelbus 男 -ses/-se

6．観光と交通機関

バスターミナル	Busbahnhof 男 -(e)s/...höfe
タクシー	Taxi 中 (スイス：男) -s/-s
運転手	Taxifahrer 男 -s/-
タクシー乗り場	Taxistand 男 -(e)s/...stände
タクシーを呼ぶ	ein Taxi rufen/bestellen
タクシーに乗っていく	mit dem Taxi fahren
空車	freies Taxi 中
メーター	Fahrpreisanzeiger 男 -s/-
深夜料金	Nachtgebühr 女 -/-en
チップ	Trinkgeld 中 -es/-er

<u>会話パターン 20</u>

(Im Bus)
A：Ist dieser Platz frei ?
B：Ja, bitte.
A：Wie viele Haltestelle sind es bis zum "Marktplatz"?
B：Noch 3 oder 4 Haltestellen. Ich sage Ihnen, wann Sie aussteigen müssen.
A：Das ist sehr nett von Ihnen. Danke schön.

(バスの中で)
A：この席は空いてますか。
B：ええ，どうぞ。
A：「マルクトプラッツ」まではいくつ停留所がありますか。
B：あと三つか四つですね。次の停留所になったら，教えてあげますよ。
A：ご親切に，どうもありがとう。

<u>会話パターン 21</u>

(Im Taxi)
A：Bringen Sie mich bitte zu dieser Adresse !
B：Dahin müssen wir einen Umweg machen. Es gibt

6. 観光と交通機関

   eine große Baustelle, und man kann nicht durch die Innenstadt fahren.
A：Ach, so. Wie lange dauert es ungefähr？
B：Mindestens eine halbe Stunde.
A：Kein Problem. Ich habe es nicht eilig.

(タクシーの中で)
A：この住所まで連れていってください。
B：そこへ行くには回り道をしなければいけませんよ。大きな工事現場があって，中心街は通り抜けられないんです。
A：そうですか。だいたいどれくらいかかりますか。
B：少なくとも30分ですね。
A：大丈夫です。急いでませんから。

④　自転車

自転車	Fahrrad 甲 -es/...räder
ハンドル	Lenker 男 -s/-
グリップ	Griff 男 -(e)s/-e
ブレーキ	Bremse 女 -/-n
フレーム	Fahrradrahmen 男 -s/-
荷台	Gepäckträger -s/-
サドル	Sattel 男 -s/Sättel
ペダル	Pedal 甲 -s/-e
車輪	Rad 甲 -es/Räder
タイヤ	Reifen 男 -s/-
チューブ	Schlauch 男 -(e)s/Schläuche
パンク	Reifenpanne 女 -/-n
空気入れ	Luftpumpe 女 -/-n
チェーン	Fahrradkette 女 -/-n
ベル	Klingel 女 -/-n
変速機	Gangschaltung 女 -/-en
ギア	Gang 男 -(e)s/Gänge

6．観光と交通機関

泥除け	Schutzblech 中 -(e)s/-e
自転車立て	Fahrradständer 男 -s/-
サイクリング	Radtour 女 -/-en
マウンテンバイク	Mountainbike 中 -s/-s
自転車競技	Radsport 男 -(e)s/ (種類:-e)＜複数まれ＞
競技用自転車	Rennrad 中 -es/...räder
自転車競争	Radrennen 中 -s/-

(4) 船の旅

船	Schiff 中 -(e)s/-e
小舟・ボート	Boot 中 -(e)s/-e
汽船・蒸汽船	Dampfschiff 中 -(e)s/-e
帆船	Segelboot 中 -(e)s/-e
ヨット	Jacht 女 -/-en
カヌー	Kanu 中 -s/-s
カヤック	Kajak 男 (中) -s/-s
クルーザー	Kreuzfahrtschiff 中 -(e)s/-e
モーターボート	Motorboot 中 -(e)s/-e
客船	Fahrgastschiff 中 -(e)s/-e
商船	Handelsschiff 中 -(e)s/-e
遊覧船	Ausflugsdampfer 男 -s/-
貨物船	Frachter 男 -s/-
タンカー	Tanker 男 -s/-
コンテナ船	Containerschiff 中 -(e)s/-e
カーフェリー	Autofähre 女 -/-n
渡し船・フェリー	Fähre 女 -/-n
乗客	Passagier 男 -s/-e
漁船	Fischerboot 中 -(e)s/-e
軍艦	Kriegsschiff 中 -(e)s/-e
巡洋艦	Kreuzschiff 中 -(e)s/-e

6. 観光と交通機関

潜水艦	U-Boot 甲 -(e)s/-e
定期船	Linienschiff 甲 -(e)s/-e
タグボート	Schlepper 男 -s/-
船室	Kabine 女 -/-n
	Kajüte 女 -/-n
一等船室	Kabine erster Klasse
サロン	Salon 男 -s/-s
甲板・デッキ	Deck 甲 -(e)s/-s
救命ボート	Rettungsboot 甲 -(e)s/-e
救命胴衣	Rettungsweste 女 -/-n
ハッチ	Luke 女 -/-n
タラップ	Gangway 女 -/-s
へさき・船首	Bug 男 -(e)s/-e
とも・船尾	Heck 甲 -(e)s/-e, -s
右舷	Steuerbord 甲 (オーストリア: 男) -(e)s/-e ＜複数まれ＞
左舷	Backbord 甲(男) -(e)s/-e ＜複数まれ＞
船倉	Laderaum 男 -(e)s/...räume
船底	Schiffsboden 男 -s/...böden
マスト	Mast 男 -(e)s/-en (-e)
帆	Segel 甲 -s/-
スクリュー	Schiffsschraube 女 -/-n
碇	Anker 男 -s/-
羅針盤・コンパス	Kompass 男 -es/-e
舵	Ruder 甲 -s/-
	Steuer 甲 -s/-
舵輪	Steuerrad 甲 -es/...räder
乗組員	Schiffsbesatzung 女 -/-en
	Mannschaft 女 -/-en
船長	Kapitän 男 -s/-e
航海士	Nautiker 男 -s/-

6．観光と交通機関

水先案内人	Lotse 男 -n/-n
機関士	Maschinist 男 -en/-en
水夫	Matrose 男 -n/-n
貨物	Fracht 女 -/-en
港	Hafen 男 -s/Häfen
寄港地	Anlaufhafen 男 -s/...häfen
波止場・埠頭	Kai 男 -s/-s
	Pier 女 -/-s
桟橋	Landungsbrücke 女 -/-n
防波堤	Mole 女 -/-n
灯台	Leuchtturm 男 -(e)s/...türme
霧笛	Nebelhorn 中 -(e)s/...hörner
航海	Schifffahrt 女 -/-en
船旅	Seereise 女 -/-n
航路	Kurs 男 -es/-e
乗船する	an Bord gehen
下船する	von Bord gehen
上陸する	an|legen
出航する	ab|legen
	aus|laufen
寄港する	einen Hafen an|laufen
停泊する	ankern
船酔い	Seekrankheit 女 -/
船酔いする	seekrank werden
難破船	Wrack 中 -(e)s/-s (-e)
転覆する	kentern
沈没する	sinken
	unter|gehen

(5) 空の旅

| 空港 | Flughafen 男 -s/...häfen |

6．観光と交通機関

飛行場	Flugplatz 男 -es/...plätze
ターミナル	Terminal 男 (中) -s/-s
滑走路	Start-und-Lande-Bahn 女 -/-en
	Rollbahn 女 -/-en
航路	Route 女 -/-n
国内線	Inlandflug 男 -(e)s/...flüge
国際線	internationale Fluglinie 女
航空会社	Luftfahrtgesellschaft 女 -/-en
	Fluggesellschaft 女 -/-en
カウンター	Schalter 男 -s/-
航空券	Flugticket 中 -s/-s
ファーストクラス	erste Klasse 女
ビジネスクラス	Businessklasse 女 -/-n
エコノミークラス	Touristenklasse 女 -/-n
	Economyklasse 女 -/-n
予約	Buchung 女 -/-en
予約する(フライトを〜)	einen Flug buchen
確認する(フライトの〜)	den Flug bestätigen
フライト・便	Flugnummer 女 -/-n
案内所	Information 女 -/
免税店	Dutyfreeshop 男 -(s)/-s
免税品	zollfreie Artikel 複
出国	Ausreise 女 -/-n
入国	Einreise 女 -/-n
入国管理局	Einwanderungsbehörde 女 -/-n
パスポート	Pass 男 -es/Pässe
	Reisepass 男 -es/...pässe
ビザ・査証	Visum 中 -s/Visa, Visen
予防接種証明書	Impfausweis 男 -es/-e
検疫	Quarantäne 女 -/-n
税関	Zollamt 中 -(e)s/...ämter
関税	Zoll 男 -(e)s/Zölle

6．観光と交通機関

税関吏	Zollbeamte 男 -n/-n ＜形容詞的変化＞
課税品申告	Zollerklärung 女 -/-en
トランジット	Transit 男 -s/-e
トランジット客	Transitreisende 男・女 ＜形容詞的変化＞
ゲート	Flugsteig 男 -(e)s/-e
搭乗する	an Bord gehen
搭乗券	Bordkarte 女 -/-n
出迎える	jn. empfangen
迎えにいく	jn. ab|holen
見送る(空港まで〜)	jn. zum Flughafen begleiten
飛行機	Flugzeug 中 -(e)s/-e
ヘリコプター	Hubschrauber 男 -s/-
	Helikopter 男 -s/-
旅客機	Passagierflugzeug 中 -(e)s/-e
乗客	Passagier 男 -s/-e
エアバス	Airbus 男 -ses/-se
軍用機	Militärflugzeug 中 -(e)s/-e
ジェット機	Düsenflugzeug 中 -(e)s/-e
プロペラ機	Propellerflugzeug 中 -(e)s/-e
搭乗員・乗組員	Besatzung 女 -/-en
機長	Flugkapitän 男 -s/-e
操縦士	Pilot 男 -en/-en
スチュワード	Flugbegleiter 男 -s/-
スチューワデス	Flugbegleiterin 女 -/-nen
座席・シート	Sitzplatz 男 -es/...plätze
座席番号	Sitzplatznummer 女 -/-n
窓側座席	Fensterplatz 男 -es/...plätze
通路側座席	Sitz am Gang 男
シートベルトをしめる	sich⁴ an|schnallen
離陸する	starten

7．趣味とスポーツ

着陸する	landen
高度	Höhe 囡 -/-n
エアポケット	Luftloch 匣 -(e)s/...löcher
急降下	Sturzflug 男 -(e)s/...flüge
時差ぼけ	Zeitverschiebung 囡 -/-en
	Jetlag 男 -s/-s
トイレ	Toilette 囡 -/-n
空き	frei
使用中	besetzt
飛行機事故	Flugzeugunglück 匣 -(e)s/-e
緊急着陸・不時着	Notlandung 囡 -/-en
非常口	Notausgang 男 -(e)s/...gänge
救命胴衣	Schwimmweste 囡 -/-n
	Rettungsweste 囡 -/-n
酸素マスク	Sauerstoffmaske 囡 -/-n
墜落する	ab|stürzen
ハイジャック	Flugzeugentführung 囡 -/-en

7．趣味とスポーツ

(1) 趣味

趣味	Hobby 匣 -s/-s
収集・採集・コレクション	Sammlung 囡 -/-en
収集家	Sammler 男 -s/-
切手収集	Briefmarkensammlung 囡 -/-en
美術品	Kunstgegenstand 男 -(e)s/...stände
骨董品・古美術品	Antiquität 囡 -/-en ＜ふつう複数で＞
昆虫採集	Insektensammlung 囡 -/-en
植物採集	Pflanzensammlung 囡 -/-en

7. 趣味とスポーツ

手芸	Handarbeit 囡 -/-en
編み物	Strickarbeit 囡 -/-en
園芸・ガーデニング	Gartenarbeit 囡 -/-en
盆栽	Bonsai 囲 -/
生け花・華道	Blumenstecken 囲 -s/
	Ikebana 囲 -(s)/
茶会・茶道	Teezeremonie 囡 -/-n
陶芸	Kunsttöpferei 囡 -/
日曜大工	Heimwerker 囲 -s/-
	Bastler 囲 -s/-
鉄道模型	Modelleisenbahn 囡 -/-en
ビリヤード	Billard 囲 -s/
ボードゲーム	Brettspiel 囲 -(e)s/-e
サイコロ	Würfel 囲 -s/-
チェス・将棋	Schach 囲 -s/
麻雀	Mah-Jongg 囲 -s/-s
囲碁	Go 囲 -/
トランプゲーム	Kartenspiel 囲 -(e)s/-e
魚釣り	Angeln 囲 -s/
読書	Lesen 囲 -s/
音楽鑑賞	Musik hören
映画鑑賞	ins Kino gehen
	sich³ Filme an|sehen
演劇鑑賞	ins Theater gehen
	sich³ Theaterstücke an|sehen

① 写真

写真	Foto 囲 -s/-s (スイス：囡 -/-s)
写真家	Fotograf 囲 -en/-en
写真を撮る	fotografieren
カラー写真	Farbfoto 囲 -s/-s
白黒写真・モノクロ写真	Schwarzweißfoto 囲 -s/-s

― 113 ―

7. 趣味とスポーツ

スナップ写真	Schnappschuss 男 -es/...schüsse
ポートレート・肖像写真	Porträt 中 -s/-s (中 -(e)s/-e)
証明書用写真	Passbild 中 -(e)s/-er
	Passfoto 中 -s/-s
アルバム	Fotoalbum 中 -s/...ben (-s)
カメラ	Fotoapparat 男 -(e)s/-e
	Kamera 女 -/-s
ポラロイドカメラ	Polaroidkamera 女 -/-s
使い捨てカメラ	Einwegkamera 女 -/-s
レンズ	Objektiv 中 -s/-e
望遠レンズ	Teleobjektiv 中 -s/-e
広角レンズ	Weitwinkelobjektiv 中 -s/-e
ズームレンズ	Zoomobjektiv 中 -s/-e
魚眼レンズ	Fischauge 中 -s/-n
焦点距離	Brennweite 女 -/-n
距離目盛り	Entfernungsskala 女 -/...len, -s
三脚	Stativ 中 -s/-e
ファインダー	Sucher 男 -s/-
ピント・焦点	Fokus 男 -/-se
ピンぼけ	unscharf
ピントを合わせる(…に)	auf et.⁴ fokussiren
オートフォーカス	Autofokus 男 -/-se
カウンター	Zählwerk 中 -(e)s/-e
露出	Belichtung 女 -/-en
露出時間	Belichtungszeit 女 -/-en
露出オーバー	überbelichtet
露出不足	unterbelichtet
露出計	Belichtungsmesser 男 -s/-
絞り	Blende 女 -/-n
撮影する(…を)	et.⁴ auf|nehmen
シャッター	Verschluss 男 -es/...schlüsse
シャッターボタン	Auslöser 男 -s/-

7．趣味とスポーツ

シャッターを押す	auf den Auslöser drücken
セルフタイマー	Selbstauslöser 囡 -s/-
フラッシュ	Blitzlicht 中 -(e)s/-er
フラッシュ撮影する	eine Blitzlichtaufnahme machen
暗室	Dunkelkammer 囡 -/-n
現像する	entwickeln
現像に出す	entwickeln lassen
焼き付ける(写真を～)	Fotos ab|ziehen
焼き増ししてもらう	Abzüge machen lassen
引き伸ばす(写真を～)	Bilder vergrößern
印画紙	Fotopapier 中 -s/-e
光沢紙	Hochglanzpapier 中 -s/-
光沢の	glänzend
つや消し紙	mattes Papier
つや消しの	matt
フィルム	Film 男 -(e)s/-e
ポジ・陽画	Positiv 中 -s/-e
ネガ・陰画	Negativ 中 -s/-e
スライド	Dia 中 -s/-s
スライド映写機	Diaprojektor 男 -s/-en

② トランプ

トランプ	Kartenspiel 中 -s/-e
トランプをする	Karten spielen
トランプを切る	Karten mischen
トランプを配る	Karten verteilen
トランプカード	Spielkarte 囡 -/-n
組札	Farbe 囡 -/-n
クラブ	Kreuz 中 -es/ ＜無冠詞で＞
スペード	Pik 中 -(s)/ ＜無冠詞で＞
ハート	Herz 中 -ens/ ＜無冠詞で＞

7. 趣味とスポーツ

ダイヤ	Karo 中 -s/ ＜無冠詞で＞
エース	Ass 中 -es/-e
キング	König 男 -s/-e
クイーン	Dame 女 -/-n
ジャック	Bube 男 -n/-n
切り札	Trumpf 男 -(e)s/Trümpfe
ジョーカー	Joker 男 -s/-
手札	Blatt 中 -(e)s/Blätter
プレイヤー	Spieler 男 -s/-
ディーラー・親	Geber 男 -s/-
ポーカー	Poker 中・男 -s/
ブリッジ	Bridge 中 -/
ばば抜き	Schwarzer Peter 男
タロット	Tarot 中・男 -s/-s
トランプ占い・カード占い	Kartenlegen 中 -s/
トランプ占い師	Kartenlegerin 女 -/-nen
トランプで占う 　（…の運勢を）	jm. die Karten legen
いかさまをする	mit gezinkten Karten spielen

③ 釣り

釣り	Angeln 中 -s/
釣りをする	angeln
海釣り	Angeln im Meer
沖釣り	Hochseeangeln 中 -s/
舟釣り	Angeln im Boot
磯釣り	Küstenangeln 中 -s/
川釣り	Flußangeln 中 -s/
フライフィッシング	Fliegenfischen 中 -s/
釣り堀	Angelteich 男 -(e)s/-e
釣り人	Angler 男 -s/-
釣りに行く	angeln gehen

7．趣味とスポーツ

釣り道具	Angelgerät 中 -(e)s/-e
釣竿	Angelrute 女 -/-n
釣り針	Angelhaken 男 -s/-
毛針	Fliege 女 -/-n
釣り糸	Angelschnur 女 -/...schnüre
リール	Spule 女 -/-n
浮子	Schwimmer 男 -s/-
おもり	Angelblei 中 -(e)s/-e
	Senkel 男 -s/-
手網・たも	Kescher 男 -s/-
びく	Fischkorb 男 -(e)s/...körbe
投網	Wurfnetz 中 -es/-e
餌	Köder 男 -s/-
ゴカイ	Köderwurm 男 -(e)s/...würmer, ...würme

④ 園芸・ガーデニング

庭・庭園	Garten 男 -s/Gärten
庭いじり・ガーデニング	Gartenarbeit 女 -/-en
園芸・造園	Gärtnerei 女 -/
芝生	Rasen 男 -s/-
芝刈り機	Rasenmäher 男 -s/-
	Rasenmähmaschine 女 -/-n
芝を刈る	den Rasen mähen
花壇	Blumenbeet 中 -(e)s/-e
生け垣	Hecke 女 -/-n
生け垣をめぐらす	eine Hecke an|legen
石垣	Steinmauer 女 -/-n
柵・垣根	Zaun 男 -(e)s/Zäune
ベンチ	Bank 女 -/Bänke
デッキチェア	Liegestuhl 男 -(e)s/...stühle
植木鉢	Blumentopf 男 -(e)s/...töpfe

7. 趣味とスポーツ

シャベル・スコップ	Schaufel 女 -/-n
	Schippe 女 -/-n
植木ばさみ	Heckenschere 女 -/-n
じょうろ	Gießkanne 女 -/-n
ホース	Schlauch 男 -(e)s/Schläuche
スプリンクラー	Rasensprenger 男 -s/-
熊手・レーキ	Harke 女 -/-n
	Rechen 男 -s/-

会話パターン 22

A：Was ist Ihr Hobby？
B：Mein Hobby？ Ich spiele gern Klavier.
A：Sie mögen also Musik？
B：Ja, ich habe klassische Musik besonders gern. Und Sie？ Was machen Sie in Ihrer Freizeit？
A：Ich？ Ich mache Karate. Und ich gehe auch gern ins Kino.
B：Was für Filme mögen Sie？
A：Natürlich Actionfilme.

A：あなたの趣味はなんですか。
B：私の趣味ですか？ 私はピアノを弾くのが好きです。
A：ということは音楽が好きなんですね。
B：ええ，クラシック音楽が特に好きです。それであなたは？
あなたは暇なとき何をするのが好きですか。
A：私ですか。私は空手をします。あと映画に行くのも好きですよ。
B：どんな映画が好きですか。
A：もちろんアクション映画です。

7．趣味とスポーツ

(2) スポーツ

スポーツ	Sport 男 -(e)s/
スポーツをする	Sport treiben
オリンピック	Olympiade 女 -/-n
	die Olympischen Spiele 複
競技・試合・ゲーム	Wettkampf 男 -(e)s/...kämpfe
	Spiel 中 -(e)s/-e
競技会	Sportveranstaltung 女 -/-en
種目	Disziplin 女 -/-en
個人戦	Einzelkampf 男 -(e)s/...kämpfe
団体戦	Mannschaftskampf 男 -(e)s/...kämpfe
トーナメント	Turnier 中 -s/-e
リーグ戦	Ligaspiel 中 -(e)s/-e
選手権	Meisterschaft 女 -/-en
予選	Qualifikationskampf 男 -(e)s/...kämpfe
	Ausscheidungskampf 男 -(e)s/...kämpfe
予選を通過する	die Qualifikation gewinnen
予選に落ちた	ausgeschieden sein
準々決勝	Viertelfinale 中 -s/- (-s)
準決勝	Halbfinale 中 -s/- (-s)
決勝	Finale 中 -s/- (-s)
チャンピオン	Meister 男 -s/-
	Sieger 男 -s/
	Gewinner 男 -s/-
世界チャンピオン	Weltmeister 男 -s/-
タイトル保持者	Titelträger 男 -s/-
	Titelverteidiger 男 -s/-
挑戦者	Herausforderer 男 -s/-

7. 趣味とスポーツ

挑戦する	heraus|fordern
出場者	Teilnehmer 男 -s/-
チーム	Mannschaft 女 -/-en
ナショナルチーム	Nationalmannschaft 女 -/-en
選手	Spieler 男 -s/-
主将・キャプテン	Mannschaftskapitän 男 -s/-e
	Spielführer 男 -s/-
監督・コーチ	Trainer 男 -s/-
マネージャー	Manager 男 -s/-
作戦	Strategie 女 -/-n
	Taktik 女 -/-en
勝負	Wettkampf 男 -(e)s/...kämpfe
勝つ(判定で〜)	nach Punkten siegen
負ける(1対2で〜)	1：2 (eins zu zwei) verlieren
勝利	Sieg 男 -(e)s/-e
敗北	Niederlage 女 -/-n
判定勝ち	Punktniederlage 女 -/-n
得点	Punkt 男 -(e)s/-e
得点する	Punkte erzielen
引き分け	unentschieden
引き分ける	unentschieden enden
優勝する	die Meisterschaft gewinnen
優勝カップ	Pokal 男 -s/-e
トロフィー	Trophäe 女 -/-n
優勝者	Sieger 男 -s/-
準優勝者	Zweitplatzierte 男・女 <形容詞的変化>
記録	Rekord 男 -(e)s/-e
世界記録	Weltrekord 男 -(e)s/-e
新記録を樹立する	einen neuen Rekord auf|stellen
記録を保持する	einen Rekord halten
記録を破る	einen Rekord brechen

7．趣味とスポーツ

トレーニング	Training 中 -s/-s
トレーニングをする	trainieren
ハードトレーニング	hartes Training 中
スポーツマンシップ	Fairness 女 -/
フェアプレー	Fairplay 中 -/
観客	Zuschauer 男 -s/-
観客席・スタンド	Tribüne 女 -/-n
サポーター	Fußballfan 男 -s/-s
ファン	Anhänger 男 -s/-
	Fan 男 -s/-s
ジョギング	Jogging 中 -s/
エアロビクス	Aerobic 中 -s/ ＜ふつう無冠詞で＞
テニス	Tennis 中 -/
バスケットボール	Basketball 男 -(e)s/ ＜ふつう無冠詞で＞
バレーボール	Volleyball 男 -(e)s/
ラグビー	Rugby 中 -(s)/
アメリカンフットボール	American Football 男 -(s)/
卓球	Tischtennis 中 -/
バドミントン	Badminton 中 -/
	Federball 男 -(e)s/
野球	Baseball 男 -s/
ゴルフ	Golf 中 -s/
スキー	Skilauf 男 -(e)s/
スノーボード	Snowboard 中 -s/-s
スケート	Eislauf 男 -(e)s/
カーリング	Eisstockschießen 中 -s/
サイクリング	Radfahren 中 -s/
乗馬	Reiten 中 -s/
サーフィン	Surfen 中 -s/
ウインドサーフィン	Windsurfen 中 -s/
水上スキー	Wasserski 中 -s/

— 121 —

7. 趣味とスポーツ

ダイビング	Tauchen 甲 -s/
レガッタ	Regatta 女 -/...tten
ローラースケート	Rollschuh laufen
スケートボード	Skateboard 甲 -s/-s
柔道	Judo 甲 -(s)/
空手	Karate 甲 -(s)/

① テニス

テニス	Tennis 甲 -/
テニスをする	Tennis spielen
テニスコート	Tennisplatz 男 -es/...plätze
ローンコート	Rasenplatz 男 -es/...plätze
ハードコート	Hartplatz 男 -es/...plätze
インドアテニス	Hallentennis 甲 -/
ネット	Tennisnetz 甲 -es/-e
ネットポスト	Netzpfosten 男 -s/-
サービスライン	Aufschlaglinie 女 -/-n
ベースライン	Grundlinie 女 -/-n
ラケット	Tennisschläger 男 -s/-
面(ラケットの)	Schlägerbespannung 女 -/
ガット	Bespannung 女 -/
テニスボール	Tennisball 男 -(e)s/...bälle
サーブ	Aufschlag 男 -(e)s/...schläge
サーブする	auf|schlagen
サーバー	Aufschläger 男 -s/-
レシーブ	Return 男 -s/-s
レシーブする	den Aufschlag nehmen
サービスエース	Ass 甲 -es/-e
セカンドサービス	zweiter Aufschlag 男
フォルト	Fehler 男 -s/-
ダブルフォルト	Doppelfehler 男 -s/-
ストローク	Schlag 男 -(e)s/Schläge

7．趣味とスポーツ

フォアハンド	Vorhand 囡 -/
バックハンド	Rückhand 囡 -/
トップスピン	Topspin 男 -s/-s
スライス	Slice 男 -/
ボレー	Volley 男 -s/-s
	Flugball 男 -(e)s/...bälle
ハーフボレー	Halfvolley 男 -s/-s
ドロップショット	Stoppball 男 -(e)s/...bälle
スマッシュ	Schmetterball 男 -(e)s/...bälle
ロブ	Lob 男 -(s)/-s
シングルス	Einzel 中 -s/-
ダブルス	Doppel 中 -s/-
カウント	Spielstand 男 -(e)s/...stände
ゲーム	Spiel 中 -(e)s/-e
セット	Satz 男 -es/Sätze
デュース	Einstand 男 -(e)s/
アドバンテージ	Vorteil 男 -(e)s/-e
スコア	Punktzahl 囡 -/
ラブゲーム	Zu-null-Spiel 中 -(e)s/-e
タイブレーク	Tiebreak 男・中 -s/-s

② 登山・アウトドア

登山	Bergsteigen 中 -s/
山岳ツアー	Bergtour 囡 -/-en
登山家	Bergsteiger 男 -s/-
登山する	auf den Berg steigen
登山ガイド	Bergführer 男 -s/-
登る(山頂に〜)	zum Gipfel auf|steigen
下りる(谷へ〜)	ins Tal ab|steigen
ロッククライミング	Felsklettern 中 -s/
装備	Ausrüstung 囡 -/-en
リュックサック	Rucksack 男 -(e)s/...säcke

− 123 −

7. 趣味とスポーツ

登山靴	Bergschuh 男 -(e)s/-e
アノラック	Anorak 男 -s/-s
アイゼン	Steigeisen 中 -s/-
ピッケル	Eispickel 男 -s/-
かんじき	Schneeschuh 男 -(e)s/-e
ザイル	Seil 中 -(e)s/-e
ハーケン	Haken 男 -s/-
地図	Landkarte 女 -/-n
コンパス	Kompass 男 -es/-e
テント	Zelt 中 -(e)s/-e
テントを張る	ein Zelt auf|stellen
寝袋・シュラフ	Schlafsack 男 -(e)s/...säcke
ランタン	Laterne 女 -/-n
山小屋	Berghütte 女 -/-n
避難小屋	Schutzhütte 女 -/-n
山道	Bergpfad 男 -(e)s/-e
道しるべ	Wegweiser 男 -s/-
遭難	Unglück 中 -(e)s/-e
山岳救助隊	Bergrettungsmannschaft 女 -/-en
捜索	Suche 女 -/-n
	Suchaktion 女 -/-en
高山病	Höhenkrankheit 女 -/-en
キャンプ	Camping 中 -s/
キャンプ場	Campingplatz 男 -es/...plätze
キャンプファイヤー	Lagerfeuer 中 -s/-
バーベキュー	Grillen 中 -s/
ハイキング	Wandern 中 -s/
ハイカー	Wanderer 男 -s/-
ピクニック	Ausflug 男 -(e)s/...flüge
	Picknick 男 -s/-e, -s
ピクニックにいく	Picknick machen

7．趣味とスポーツ

③ サッカー

サッカー	Fußball 男 -(e)s/
サッカーボール	Fußball 男 -(e)s/...bälle
サッカー競技場	Fußballplatz 男 -es/...plätze
ピッチ・フィールド	Spielfeld 中 -(e)s/-er
ゴール	Tor 中 -(e)s/-e
クロスバー	Querlatte 女 -/-n
ゴールポスト	Torpfosten 男 -s/-
ゴールライン	Torlinie 女 -/-n
ゴールエリア	Torraum 男 -(e)s/...räume
ペナルティエリア	Strafraum 男 -(e)s/...räume
ペナルティポイント	Elfmeterpunkt 男 -(e)s/-e
センターライン・ハーフウエーライン	Mittellinie 女 -/-n
センターサークル	Mittelkreis 男 -es/-e
タッチライン	Seitenlinie 女 -/-n
コーナーフラッグ	Eckfahne 女 -/-n
サッカー選手	Fußballspieler 男 -s/-
交代要員	Ersatzspieler 男 -s/-
ゴールキーパー	Torwart 男 -(e)s/-e
フォワード	Angriff 男 -(e)s/-e
	Stürmer 男 -s/-
センターフォワード	Innenstürmer 男 -s/-
ウイング	Flügelstürmer 男 -s/-
レフトウイング	linker Flügel 男
ライトウイング	rechter Flügel 男
ミッドフィールダー	Mittelfeldspieler 男 -s/-
ディフェンダー・フルバック	Abwehr 女 -/
	Verteidiger 男 -s/-
ストッパー	Stopper 男 -s/-
リベロ	Libero 男 -s/-s

— 125 —

7．趣味とスポーツ

スイーパー	Ausputzer 男 -s/-
主審・レフリー	Schiedsrichter 男 -s/-
	Unparteiische 男・女 ＜形容詞的変化＞
線審・ラインズマン	Linienrichter 男 -s/-
キック	Stoß 男 -es/Stöße
キックオフ	Anpfiff 男 -(e)s/-e
	Anstoß 男 -es/...stöße
コーナーキック	Eckball 男 -(e)s/...bälle
	Eckstoß 男 -es/...stöße
フリーキック	Freistoß 男 -es/...stöße
ペナルティキック	Strafstoß 男 -es/...stöße
	Elfmeter 男 -s/-
ゴールキック	Abstoß 男 -es/...stöße
パス	Pass 男 -es/Pässe
	Zuspiel 中 -(e)s/
	Ballabgabe 女 -/-n
ワンツーパス	Doppelpass 男 -es/...pässe
ドリブル	Dribbling 中 -s/-s
センタリング	Flanke 女 -/-n
トラッピング	Ballannahme 女 -/-n
スローイン	Einwurf 男 -(e)s/...würfe
シュート	Schuss 男 -es/Schüsse
ヘディング	Kopfball 男 -(e)s/...bälle
	Kopfstoß 男 -es/...stöße
シュートをきめる	das Tor erzielen
反則・ファウル	Foul 中 -s/-s
オフサイド	Abseits 中 -/-
ハンド	Handspiel 中 -(e)s/-e
警告	Verwarnung 女 -/-en
イエローカード	die gelbe Karte 女
レッドカード	die rote Karte 女

7．趣味とスポーツ

退場	Feldverweis 男 -es/-e
	Platzverweis 男 -es/-e
ハーフタイム	Halbzeit 女 -/-en

④　馬術

馬術・乗馬	Reiten 中 -s/
	Reitkunst 女 -/
駆け足・ギャロップ	Galopp 男 -s/
速足・トロット	Trab 男 -(e)s/
並足	Schritt 男 -(e)s/
馬	Pferd 中 -(e)s/-e
鞍	Sattel 男 -s/Sättel
馬勒	Zaumzeug 中 -(e)s/-e
拍車	Sporn 男 -(e)s/Sporen ＜ふつう複数で＞
鐙	Steigbügel 男 -s/-
手綱	Zügel 男 -s/-
鞭	Peitsche 女 -/-n
厩舎	Reitstall 男 -(e)s/...ställe
調教	Training 中 -s/-s
調教師	Trainer 男 -s/-
馬場	Reitbahn 女 -/-en
牧場	Koppel 女 -/-n
種馬	Zuchthengst 男 -(e)s/-e
馬術競技	Reitsport 男 -(e)s/
障害飛越	Hindernisrennen 中 -s/-
競馬	Pferderennen 中 -s/-
競馬場	Rennbahn 女 -/-en
騎手	Jockei 男 -s/-s
	Jockey 男 -s/-s
ダービー	Derby 中 -s/-s

7. 趣味とスポーツ

⑤ 陸上競技

競技場	Sportplatz 男 -es/...plätze
スタジアム	Stadion 中 -s/Stadien
陸上競技	Leichtathletik 女 -/
競争	Wettlauf 男 -(e)s/...läufe
短距離競走	Kurzstreckenlauf 男 -(e)s/
100メートル競走	100-m-Lauf (Hundertmeterlauf) 男 -(e)s/
障害物競争	Hindernislauf 男 -(e)s/
長距離競走	Langstreckenlauf 男 -(e)s/
ハードル競争	Hürdenlauf 男 -(e)s/
リレー	Staffellauf 男 -(e)s/
走り幅跳び	Weitsprung 男 -(e)s/
走り高跳び	Hochsprung 男 -(e)s/
三段跳び	Dreisprung 男 -(e)s/
棒高跳び	Stabhochsprung 男 -(e)s/
円盤投げ	Diskuswerfen 中 -s/
ハンマー投げ	Hammerwerfen 中 -s/
やり投げ	Speerwerfen 中 -s/
砲丸投げ	Kugelstoßen 中 -s/
十種競技	Zehnkampf 男 -(e)s/
七種競技	Siebenkampf 男 -(e)s/
競歩	Gehen 中 -s/
マラソン	Marathonlauf 男 -(e)s/
トライアスロン	Triathlon 中 -s/-s
クロスカントリー	Geländelauf 男 -(e)s/
ランナー	Läufer 男 -s/-
スタートライン	Startlinie 女 -/-n
踏切板	Sprungbrett 中 -(e)s/-er
フライング	Fehlstart 男 -(e)s/-s (-e)
助走	Anlauf 男 -(e)s/...läufe

コース	Bahn 女 -/-en
ゴール	Ziel 中 -(e)s/-e
ゴールインする	durchs Ziel kommen
位置について，用意，ドン！	Auf die Plätze, fertig, los！

⑥ 水泳

水泳	Schwimmen 中 -s/
泳ぐ	schwimmen
泳法	Schwimmstil 男 -(e)s/-e
自由形	Freistilschwimmen 中 -s/
クロール	Kraulen 中 -s/
	Kraulschwimmen 中 -s/
平泳ぎ	Brustschwimmen 中 -s/
背泳ぎ・背泳	Rückenschwimmen 中 -s/
バタフライ	Schmetterlingsstil 男 -(e)s/
	Delfinschwimmen 中 -s/
個人メドレー	Lagenschwimmen 中 -s/
メドレーリレー	Lagenstaffel 女 -/-n
ストローク	Schlag 男 -(e)s/Schläge
ターン	Wende 女 -/-n
タッチ	Anschlag 男 -(e)s/...schläge
息継ぎ	Atmen 中 -s/
プール	Schwimmbad 中 -(e)s/...bäder
プールサイド	Beckenrand 男 -(e)s/...ränder
競泳	Wettschwimmen 中 -s/
泳者	Schwimmer 男 -s/-
スタート台	Startblock 男 -(e)s/...blöcke
コース	Bahn 女 -/-en
飛び込む	ins Wasser springen
高飛び込み	Turmspringen 中 -s/
飛び込み台	Sprungbrett 中 -(e)s/-er

7. 趣味とスポーツ

シンクロナイズドスイミング	Synchronschwimmen 中 -s/
	Kunstschwimmen 中 -s/
水球	Wasserball 男 -(e)s/
水着	Badeanzug 男 -(e)s/...züge
	Badehose 女 -/-n
ビキニ	Bikini 男 -s/-s
浮輪	Schwimmreifen 男 -s/-
海水浴場	Badestrand 男 -(e)s/...strände
脱衣所・更衣室	Umkleidekabine 女 -/-n

⑦ スキー・スケート

スキーをする	Ski laufen
	Ski fahren
スキーヤー	Skiläufer 男 -s/-
スキー場	Skigebiet 中 -(e)s/-e
	Skigelände 中 -s/-
ゲレンデ	Skipiste 女 -/-n
リフト	Skilift 男 -(e)s/-e, -s
ロープウェー	Seilbahn 女 -/-en
急斜面	Steilhang 男 -(e)s/...hänge
緩斜面	sanfter Abhang 男
アイスバーン	Eisglätte 女 -/
スキー学校	Skischule 女 -/-n
インストラクター	Skilehrer 男 -s/-
直滑降	Schussfahrt 女 -/
ボーゲン	Stemmbogen 男 -s/
パラレル	Parallelschwung 男 -(e)s/...schwünge
プルーク	Schneepflug 男 -(e)s/
ウェデルン	Wedeln 中 -s/
スキー板	Ski 男 -s/-er (-)
ビンディング	Bindung 女 -/-en

— 130 —

7. 趣味とスポーツ

エッジ	Kante 女 -/-n
ストック	Skistock 男 -(e)s/...stöcke
スキーブーツ	Skistiefel 男 -s/-
ゴーグル	Skibrille 女 -/-n
アルペン競技	alpine Kombination 女
滑降	Abfahrtslauf 男 -(e)s/
回転	Slalom 男 -s/-s
大回転	Riesenslalom 男 -s/-s
スーパー大回転	Superriesenslalom 男 -s/-s
旗門	Tor 中 -(e)s/-e
ノルディック競技	nordische Kombination 女
距離・クロスカントリースキー	Langlauf 男 -(e)s/
ジャンプ	Skispringen 中 -s/
ジャンプ台	Sprungschanze 女 -/-n
複合競技	Kombination 女 -/-en
フリースタイル	Trickskilaufen 中 -s/
スノーボード	Snowboard 中 -s/-s
バイアスロン	Biathlon 中 -s/-s
ボブスレー	Bob 男 -s/-s
リュージュ	Rennrodel 男 -s/-
そり	Schlitten 男 -s/-
雪だるま	Schneemann 男 -(e)s/...männer
雪合戦	Schneeballschlacht 女 -/-en
スケートをする	Schlittschuh laufen
スケート場・リンク	Eisbahn 女 -/-en
スケート靴	Schlittschuh 男 -(e)s/-e ＜ふつう複数で＞
ブレード	Kufe 女 -/-n
スケーター	Schlittschuhläufer 男 -s/-
スピードスケート	Eisschnelllauf 男 -(e)s/
インコース	Innenbahn 女 -/-en

— 131 —

7. 趣味とスポーツ

アウトコース	Außenbahn 囡 -/-en
フィギュアスケート	Eiskunstlauf 男 -(e)s/
規定演技	Pflicht 囡 -/-en
自由演技	Kür 囡 -/-en
ジャンプ	Sprung 男 -(e)s/Sprünge
スピン	Drehung 囡 -/-en
	Pirouette 囡 -/-n
アイスダンス	Eistanz 男 -es/...tänze
アイスホッケー	Eishockey 中 -s/
スティック	Eishockeyschläger 男 -s/-
パック	Puck 男 -s/-s

⑧ ダンス

ダンス	Tanz 男 -es/Tänze
ダンスパーティー・舞踏会	Tanzparty 囡 -/-s
	Ball 男 -(e)s/Bälle
仮面舞踏会	Maskenball 男 -(e)s/...bälle
パートナー	Tanzpartner 男 -s/-
ステップ	Tanzschritt 男 -(e)s/-e
ステップを踏む	Tanzschritte machen
フォークダンス	Volkstanz 男 -es/...tänze
ダンスホール	Tanzsaal 男 -(e)s/-e
ダンサー	Tänzer 男 -s/-
ディスコ	Disko 囡 -/
	Diskothek 囡 -/-en
ジャズダンス	Jazztanz 男 -es/...tänze
バレエ	Ballett 中 -(e)s/
バレリーナ	Ballerina 囡 -/...nen
プリマドンナ	Primadonna 囡 -/...nnen
	Prima ballerina 囡 -/...nen
トーシューズ	Ballettschuh 男 -(e)s/-e ＜ふつう複数で＞

レビュー	Revue 囡 -/-n

⑨ 体操

体操	Gymnastik 囡 -/
器械体操	Turnen 囲 -s/
体操選手	Turner 男 -s/-
審査員	Preisrichter 男 -s/-
床運動	Bodenturnen 囲 -s/
跳馬	Sprungpferd 囲 -(e)s/-e
鞍馬	Seitpferd 囲 -(e)s/-e
鉄棒	Reck 囲 -(e)s/-e (-s)
吊り輪	Ringe 複
平行棒	Barren 男 -s/-
段違い平行棒	Stufenbarren 男 -s/-
平均台	Schwebebalken 男 -s/-
新体操	rhythmische Gymnastik 囡
輪	Reifen 男 -s/-
縄	Seil 囲 -(e)s/-e
ボール	Ball 男 -(e)s/Bälle
リボン	Band 囲 -(e)s/Bänder
棍棒	Keule 囡 -/-n
吊り縄	Klettertau 囲 -(e)s/-e
跳び箱	Sprungkasten 男 -s/...kästen
トランポリン	Trampolin 囲 -s/-e
体育館	Turnhalle 囡 -/-n
マット	Matte 囡 -/-n

会話パターン 23

A: Treibst du Sport?
B: Ja, sehr. Ich mag Schwimmen, Tennisspielen, Handballspielen, Skifahren und so weiter. Und du? Treibst du Sport?

8. 芸術

A：Ich？ Kaum． Ich mag nicht, dass ich müde werde.
B：Aber deine Freundin ist sehr sportlich, nicht wahr？
　　Habt ihr keine Probleme, etwas zusammen zu
　　machen？
A：Nein, überhaupt nicht.

A：君スポーツする？
B：うん，よくするよ。水泳，テニス，ハンドボール，スキーな
　　どなど。君は？ スポーツするの？
A：僕？ ほとんどしないね。疲れるのは好きじゃないんだ。
B：でも君のガールフレンドはすごい運動派だよね。一緒に何か
　　しようとするとき，困ったりしないの？
A：いや，全然。

8. 芸術

(1) 音楽

音楽	Musik 女 -/
リズム	Rhythmus 男 -/...men
メロディー	Melodie 女 -/-n
ハーモニー	Harmonie 女 -/-n
モチーフ	Motiv 中 -s/-e
ライトモチーフ	Leitmotiv 中 -s/-e
楽典	Musiklehre 女 -/
総譜・スコア	Partitur 女 -/-en
楽章	Satz 男 -es/Sätze
音階・スケール	Tonleiter 女 -/-n
長調	Dur 中 -/
短調	Moll 中 -/
シャープ・嬰	Kreuz 中 -es/-e
フラット・変	B 中 -/-(-s)

8. 芸 術

音程	Intervall 中 -s/-e
全音	Ganzton 男 -(e)s/...töne
半音	Halbton 男 -(e)s/...töne
オクターヴ・8度	Oktave 女 -/-n
和音	Akkord 男 -(e)s/-e
協和音	konsonante Akkorde 複
不協和音	dissonante Akkorde 複
音符	Note 女 -/-n
休符	Pause 女 -/-n
拍子・拍	Takt 男 -(e)s/-e
メトロノーム	Metronom 中 -s/-e
バロック音楽	Barockmusik 女 -/
クラシック音楽	klassische Musik 女
ロマン音楽	Musik der Romantik 女
近代・現代音楽	moderne Musik 女
音楽家	Musiker 男 -s/-
作曲家	Komponist 男 -en/-en
作曲する	komponieren
作品・曲	Komposition 女 -/-en
	Opus 中 -/Opera
編曲する	ein Musikstück bearbeiten
演奏する	spielen
	auf|führen
独奏する	ein Solo spielen
合奏する	im Ensemble spielen
独唱する	ein Solo singen
合唱する	im Chor singen
声楽家・歌手	Sänger 男 -s/-e
ソプラノ	Sopran 男 -s/
アルト	Alt 男 -s/-e ＜複数まれ＞
テノール	Tenor 男 -s/Tenöre（オーストリア：-e）

― 135 ―

8. 芸 術

バリトン	Bariton 男 -s/-e
バス	Bass 男 -es/Bässe
独唱者	Solist 男 -en/-en
二重唱	Duett 中 -(e)s/-e
楽団	Musikkapelle 女 -/-n
オーケストラ	Orchester 中 -s/-
フィルハーモニー	Philharmonie 女 -/-n
室内管弦楽団	Kammerorchester 中 -s/-
交響楽団	Sinfonieorchester 中 -s/-
吹奏楽団・ブラスバンド	Blaskapelle 女 -/-n
指揮者	Dirigent 男 -en/-en
指揮する	dirigieren
演奏会・コンサート	Konzert 中 -(e)s/-e
コンサートに行く	ins Konzert gehen
演奏会を開く	ein Konzert geben
曲目・プログラム	Programm 中 -s/-e
アンコール	Zugabe 女 -/-n
楽曲	Musikstück 中 -(e)s/-e
ロンド	Rondo 中 -s/-s
フーガ	Fuge 女 -/-n
ソナタ	Sonate 女 -/-n
器楽曲	Instrumentalstück 中 -(e)s/-e
ワルツ	Walzer 男 -s/-
ポロネーズ	Polonaise 女 -/-n
ボレロ	Bolero 男 -s/-s
行進曲・マーチ	Marsch 男 -(e)s/Märsche
夜想曲・ノクターン	Nocturne 中 -s/-s ; 女 -/-s
	Notturno 中 -s/-s, ...ni
小夜曲・セレナーデ	Serenade 女 -/-n
	Ständchen 中 -s/-
交響曲・シンフォニー	Sinfonie 女 -/-n
協奏曲・コンチェルト	Konzert 中 -(e)s/-e

8．芸　術

室内楽	Kammermusik 女 -/
組曲	Suite 女 -/-n
序曲	Ouvertüre 女 -/-n
オペラ・歌劇	Oper 女 -/-n
アリア	Arie 女 -/-n
ミュージカル	Musical 中 -s/-s
ミサ曲	Messe 女 -/-n
レクイエム・鎮魂曲	Requiem 中 -s/-s(オーストリア：...quien)
聖歌・賛美歌	Kirchenlied 中 -(e)s/-er
黒人霊歌	Spiritual 中 (男) -s/-s
ゴスペル	Gospelsong 男 -s/-s
ブルース	Blues 男 -/-s
ジャズ	Jazz 男 -/
ダンス音楽	Tanzmusik 女 -/
ロック	Rockmusik 女 -/
ポップ	Popmusik 女 -/
シャンソン	Chanson 中 -s/-s
R&B	Rhythm and Blues 男 ---/
ヒップホップ	Hip-Hop 男 -s/
テクノ	Techno 中・男 -(s)/
民謡	Volkslied 中 -(e)s/-er
楽器	Musikinstrument 中 -(e)s/-e
弦楽器	Saiteninstrument 中 -(e)s/-e
バイオリン	Geige 女 -/-n
ビオラ	Bratsche 女 -/-n
チェロ	Cello 中 -s/-s, Celli
	Violoncello 中 -s/...celli
コントラバス	Kontrabass 男 -es/...bässe
ハープ	Harfe 女 -/-n
チター	Zither 女 -/-n
ギター	Gitarre 女 -/-n

8. 芸術

マンドリン	Mandoline 女 -/-n
弦	Saite 女 -/-n
弓	Bogen 男 -s/-
木管楽器	Holzblasinstrument 中 -(e)s/-e
フルート	Flöte 女 -/-n
リコーダー・たて笛	Blockflöte 女 -/-n
クラリネット	Klarinette 女 -/-n
オーボエ	Oboe 女 -/-n
マウスピース	Mundstück 中 -(e)s/-e
金管楽器	Blechblasinstrument 中 -(e)s/-e
トランペット	Trompete 女 -/-n
ホルン	Horn 中 -(e)s/Hörner
トロンボーン	Posaune 女 -/-n
チューバ	Tuba 女 -/...ben
サクソフォン・サックス	Saxophon 中 -s/-e
ハーモニカ	Mundharmonika 女 -/-s, ...ken
オカリナ	Okarina 女 -/-s, ...nen
打楽器・パーカッション	Schlaginstrument 中 -(e)s/-e
ティンパニー	Pauke 女 -/-n
大太鼓	große Trommel 女
小太鼓	kleine Trommel 女
シンバル	Becken 中 -s/- ＜ふつう複数で＞
タンバリン	Schellentrommel 女 -/-n
	Schellenkranz 男 -es/...kränze
カスタネット	Kastagnette 女 -/-n
木琴・シロフォン	Xylophon 中 -s/-e
ばち・スティック	Trommelschlägel 男 -s/-
鍵盤楽器	Tasteninstrument 中 -(e)s/-e
鍵盤	Klaviatur 女 -/-en
ペダル	Pedal 中 -s/-e
ピアノ	Klavier 中 -s/-e
ピアノ奏者	Pianist 男 -en/-en

8．芸　術

グランドピアノ	Flügel 男 -s/-
エレクトーン	elektronische Orgel 女
オルガン	Harmonium 中 -s/...ien, -s
パイプオルガン	Orgel 女 -/-n
チェンバロ	Cembalo 中 -s/-s
アコーディオン	Akkordeon 中 -s/-s
シンセサイザー	Synthesizer 男 -s/-
バンド	Band 女 -/-s
エレキギター	elektrische Gitarre 女
	E-Gitarre 女 -/-n
ドラム	Schlagzeug 中 -(e)s/-e
ベースギター	Bassgitarre 女 -/-n
キーボード	Keyboard 中 -s/-s
ボーカル	Stimme 女 -/-n
楽器を演奏する	ein Musikinstrument spielen
歌をピアノで伴奏する	den Gesang auf dem Klavier begleiten

(2) 美術

芸術・美術	Kunst 女 -/Künste
芸術家	Künstler 男 -s/-
美術館	Museum 中 -s/...seen
	Kunsthalle 女 -/-n
絵画	Gemälde 中 -s/-
	Malerei 女 -/-en ＜ふつう複数で＞
画家	Kunstmaler 男 -s/-
	Maler 男 -s/-
ジャンル	Gattung 女 -/-en
	Genre 中 -s/-s
風景画	Landschaftsmalerei 女 -/
静物画	Stillleben 中 -s/-

8. 芸 術

肖像画	Bildnis 中 -ses/-se
	Porträt 中 -s/-s
自画像	Selbstbildnis 中 -ses/-se
裸体画・ヌード	Akt 男 -(e)s/-e
風刺画・カリカチュア	Karikatur 女 -/-en
挿し絵・イラスト	Illustration 女 -/-en
モデル	Modell 中 -s/-e
ポーズ	Pose 女 -/-n
油絵・油彩画	Ölmalerei 女 -/
	Ölgemälde 中 -s/-
水彩画	Aquarellmalerei 女 -/
	Aquarell 中 -s/-e
木炭画	Kohlezeichnung 女 -/-en
パステル画	Pastellmalerei 女 -/
テンペラ画	Temperamalerei 女 -/-en
フレスコ画	Freskomalerei 女 -/-en
墨絵・水墨画	Tuschmalerei 女 -/-en
細密画	Miniaturmalerei 女 -/-en
壁画	Wandgemälde 中 -s/-
版画	Grafik 女 -/-en
木版画	Holzschnitt 男 -(e)s/-e
石版画・リトグラフ	Lithographie 女 -/-n
銅版画	Kupferstich 男 -(e)s/-e
エッチング	Radierung 女 -/-en
遠近法	Perspektive 女 -/-n
明暗法	Schattierung 女 -/-en
素描・デッサン	Zeichnung 女 -/-en
スケッチ	Skizze 女 -/-n
モチーフ	Motiv 中 -s/-e
構図	Komposition 女 -/-en
色彩	Farbe 女 -/-n
配色	Farbgebung 女 -/-en

8. 芸　術

流派	Schule 囡 -/-n
古典派	Klassik 囡 -/
ロマン派	Romantik 囡 -/
自然主義	Naturalismus 男 -/
写実主義	Realismus 男 -/
印象派	Impressionismus 男 -/
表現主義	Expressionismus 男 -/
フォービズム	Fauvismus 男 -/
アバンギャルド・前衛派	Avantgardismus 男 -/
キュービズム	Kubismus 男 -/
ダダイズム	Dadaismus 男 -/
シュールレアリズム	Surrealismus 男 -/
抽象美術・抽象画	abstrakte Malerei 囡
点描画法	Pointillismus 男 -/
アトリエ	Atelier 回 -s/-s
イーゼル・画架	Staffelei 囡 -/-en
カンバス・画布	Leinwand 囡 -/...wände
画用紙	Zeichenpapier 回 -s/-e
パレット	Palette 囡 -/-n
油絵具	Ölfarbe 囡 -/-n
絵筆	Pinsel 男 -s/-
画廊・ギャラリー	Gemäldegalerie 囡 -/-n
画商	Kunsthändler 男 -s/-
原画	Original 回 -s/-e
展覧会	Ausstellung 囡 -/-en
彫刻	Bildhauerkunst 囡 -/
	Skulptur 囡 -/
彫刻品・塑像	Plastik 囡 -/-en
彫刻家	Bildhauer 男 -s/-
木彫り・木彫り品	Schnitzerei 囡 -/-en
大理石	Marmor 男 -s/-e
浮き彫り・レリーフ	Relief 回 -s/-s, -e

— 141 —

8. 芸 術

粘土	Ton 男 -(e)s/ (種類：-e)
石膏	Gips 男 -es/ (種類：-e)
鋳造	Guss 男 -es/Güsse
	Gießerei 女 -/
鋳型	Gussform 女 -/-en
ブロンズ	Bronze 女 -/-n
胸像	Büste 女 -/-n
トルソ	Torso 男 -s/-s, ...si
立像	Statue 女 -/-n
レプリカ・複製・模写	Reproduktion 女 -/-en
	Kopie 女 -/-n
建築家	Architekt 男 -en/-en
建築様式	Baustil 男 -(e)s/-e
ゴシック様式	Gotik 女 -/
ルネサンス様式	Renaissance 女 -/
バロック様式	Barock 中・男 -(s)/
ロココ様式	Rokoko 中 -(s)/

(3) 演劇

演劇・舞台芸術	Theater 中 -s/- ＜ふつう単数で＞
	Drama 中 -s/
喜劇	Komödie 女 -/-n
	Lustspiel 中 -(e)s/-e
悲劇	Tragödie 女 -/-n
	Trauerspiel 中 -(e)s/-e
戯曲	Theaterstück 中 -(e)s/-e
	Drama 中 -s/...men
筋書き・ストーリー	Handlung 女 -/-en
幕	Aufzug 男 -(e)s/...züge
	Akt 男 -(e)s/-e
場	Szene 女 -/-n

8. 芸 術

古典劇	klassisches Theater 中
現代劇	modernes Theater 中
アングラ劇	Undergroundtheater 中 -s/
ドラマ	Drama 中 -s/...men
メロドラマ	Melodram(a) 中 -s/...men
パントマイム	Pantomime 女 -/-n
幕・緞帳	Vorhang 男 -(e)s/...hänge
幕間・休憩	Pause 女 -/-n
公演・上演	Aufführung 女 -/-en
	Vorstellung 女 -/-en
客演	Gastspiel 中 -(e)s/-e
昼興業・マチネー	Matinee 女 -/-n
出し物・演目	Programm 中 -s/-e
稽古・リハーサル	Probe 女 -/-n
劇団	Theatergruppe 女 -/-n
演出家	Regisseur 男 -s/-e
演出	Regie 女 -/
	Inszenierung 女 -/-en
舞台監督	Bühnenleiter 男 -s/-
劇作家・脚本家	Dramatiker 男 -s/-
俳優	Schauspieler 男 -s/-
女優	Schauspielerin 女 -/-nen
喜劇役者・コメディアン	Komiker 男 -s/-
二枚目	jugendlicher Liebhaber 男
プロンプター	Souffleur 男 -s/-e
	Souffleuse 女 -/-n
配役	Besetzung 女 -/-en
主役	Hauptrolle 女 -/-n
端役	Nebenrolle 女 -/-n
登場する	auf|treten
退場する	von der Bühne ab|treten

8. 芸　術

楽屋	Garderobe 囡 -/-n
	Ankleideraum 男 -(e)s/...räume
メーキャップ	Make-up 回 -s/-s
メーキャップ師	Maskenbildner 男 -s/-
かつら	Perücke 囡 -/-n
かつら師	Perückenmacher 男 -s/-
衣裳	Kostüm 回 -s/-e
演技	Spiel 回 -(e)s/
台詞	Rollentext 男 -(e)s/-e
ト書き	Regieanweisung 囡 -/-en
劇場	Theater 回 -s/-
舞台	Bühne 囡 -/-n
回り舞台	Drehbühne 囡 -/-n
前景	Vordergrund 男 -(e)s/...gründe ＜ふつう単数で＞
背景	Hintergrund 男 -(e)s/...gründe ＜ふつう単数で＞
舞台袖	Seitenbühne 囡 -/-n
書き割り	Kulisse 囡 -/-n
裏方・道具方	Bühnenarbeiter 男 -s/-
大道具・舞台装置	Bühnenbild 回 -(e)s/-er
小道具	Requisit 回 -(e)s/-en ＜ふつう複数で＞
舞台照明	Bühnenbeleuchtung 囡 -/-en
スポットライト	Scheinwerfer 男 -s/-
脚光	Rampenlicht 回 -(e)s/-er
観客席	Zuschauerraum 男 -(e)s/...räume
ボックス席・桟敷席	Loge 囡 -/-n
一階席	Parkett 回 -(e)s/-e
ギャラリー席	Galerie 囡 -/-n
観客	Zuschauer 男 -s/-
	Publikum 回 -s/

8. 芸　術

芝居好き	Theaterfreund 男 -(e)s/-e
切符売場	Kasse 女 -/-n
切符	Eintrittskarte 女 -/-n
クローク	Garderobe 女 -/-n
案内嬢	Platzanweiserin 女 -/-nen
ロビー	Foyer 中 -s/-s

(4) 映画

映画	Film 男 -(e)s/-e
映画館	Kino 中 -s/-s
スクリーン・銀幕	Leinwand 女 -/...wände
劇映画	Spielfilm 男 -(e)s/-e
記録映画	Dokumentarfilm 男 -(e)s/-e
恋愛映画	Liebesfilm 男 -(e)s/-e
西部劇	Western 男 -(s)/-
ホラー映画	Horrorfilm 男 -(e)s/-e
アニメーション映画	Zeichentrickfilm 男 -(e)s/-e
字幕	Untertitel 男 -s/-
吹き替え・アフレコ	Synchronisation 女 -/-en
無声映画	Stummfilm 男 -(e)s/-e
トーキー	Tonfilm 男 -(e)s/-e
カラー映画	Farbfilm 男 -(e)s/-e
モノクロ映画	Schwarzweißfilm 男 -(e)s/-e
予告編	Vorschau 女 -/-en
キャスティング	Rollenbesetzung 女 -/-en
出演者	Mitwirkende 男・女 <形容詞的変化>
主演俳優	Hauptdarsteller 男 -s/-
スター	Filmstar 男 -s/-s
製作者	Produzent 男 -en/-en
監督	Regisseur 男 -s/-e

8. 芸 術

シナリオライター	Drehbuchautor 男 -s/-en
シナリオ	Drehbuch 中 -(e)s/...bücher
脚色する(小説を〜)	einen Roman dramatisieren
特殊効果・SFX	Spezialeffekt 男 -(e)s/-e
映画撮影所	Filmstudio 中 -s/-s
セット	Filmkulisse 女 -/-n
カメラマン	Kameramann 男 -(e)s/...männer, ...leute
カメラ	Filmkamera 女 -/-s
撮影する(シーンを〜)	eine Szene auf|nehmen
クローズアップ	Nahaufnahme 女 -/-n
ロングショット	Totale 女 -/-n
パン	Schwenk 男 -(e)s/-s (-e)
フラッシュバック	Rückblende 女 -/-n
オーバーラップ	Überblendung 女 -/-en
フェードイン	Einblendung 女 -/-en
フェードアウト	Ausblendung 女 -/-en
モンタージュ	Montage 女 -/-n
編集	Schnitt 男 -(e)s/-e
録音技師・ミキサー	Toningenieur 男 -s/-e
録音	Tonaufnahme 女 -/-n
サウンドトラック	Soundtrack 男 -s/-s
	Filmmusik 女 -/-en
映画祭	Filmfestspiele 複
	Filmfestival 中 -s/-s
グランプリ	Grand Prix 男 --/--
試写会	Voraufführung 女 -/-en
上映する(映画を〜)	einen Film vor|führen
封切り・初日	Premiere 女 -/-n
フィルムライブラリー	Kinemathek 女 -/-en
映画雑誌	Filmzeitschrift 女 -/-en
プレイガイド	Vorverkaufskasse 女 -/-n

8. 芸 術

前売り　　　　　　　　Vorverkauf 男 -(e)s/
「売り切れ」　　　　　Ausverkauft.

<u>会話パターン 24</u>

A：Hast du heute Abend Zeit?
B：Ja. Warum?
A：Ich habe noch eine Karte für ein Rockkonzert. Kommst du mit?
B：Nein, Rockkonzerte finde ich langweilig.
A：Schade. Dann können wir vielleicht morgen ins Museum gehen? Ich habe auch Karten für eine Ausstellung.
B：Nein. In den Museen ist es zu ruhig. Man kann sich gar nicht unterhalten.
A：Wie wäre dann ein Spaziergang durch den Park?
B：Gute Idee!

A：今晩時間ある？
B：あるけど。どうして？
A：ロックコンサートのチケットが一枚余ってるんだ。一緒に行く？
B：ううん、ロックコンサートって退屈だし。
A：残念だな。それじゃ明日美術館へ行こうか？　展覧会のチケットも持ってるよ。
B：だめ。美術館は静かすぎる。全然話ができないもの。
A：それじゃ，公園を散歩するのはどう？
B：それがいいわ。

9. 学校と教育

(1) 教育機関

教育	Erziehung 囡 -/
	Bildung 囡 -/
教育制度	Bildungswesen 囲 -s/
学校制度	Schulwesen 囲 -s/
義務教育	Schulpflicht 囡 -/
職業教育	Berufsausbildung 囡 -/-en
学校	Schule 囡 -/-n
国立の	staatlich
市立の・公立の	städtisch
	kommunal
私立の	privat
幼稚園	Kindergarten 男 -s/...gärten
小学校	Grundschule 囡 -/-n
中学校	Mittelschule 囡 -/-n
高等学校	Oberschule 囡 -/-n
ギムナジウム	Gymnasium 囲 -s/...sien
専門高等学校	Fachoberschule 囡 -/-n
生徒	Schüler 男 -s/-
小学生	Grundschüler 男 -s/-
中学生	Mittelschüler 男 -s/-
高校生	Oberschüler 男 -s/-
	Gymnasiast 男 -en/-en
大学	Hochschule 囡 -/-n
総合大学	Universität 囡 -/-en
単科大学・専門大学	Fachhochschule 囡 -/-n
大学生	Student 男 -en/-en
短期大学	Junior College 囲 -(s)/-s

9. 学校と教育

学部	Fakultät 囡 -/-en
文学部	philosophische Fakultät 囡
法学部	juristische Fakultät 囡
工学部	technische Fakultät 囡
医学部	medizinische Fakultät 囡
学科	Fach 囲 -(e)s/Fächer
入学する	sich⁴ immatrikulieren lassen
卒業する	das Universitätsstudium ab|schließen
退学する	sich⁴ exmatrikulieren lassen
学卒者	Akademiker 男 -s/-
勉強する(大学で〜)	studieren
研究する	forschen
大学院	Doktorkurs 男 -es/-e
修士論文	Magisterarbeit 囡 -/-en
修士	Magister 男 -s/-
博士論文	Doktorarbeit 囡 -/-en
	Dissertation 囡 -/-en
医学博士	Doktor der Medizin 男
文学博士	Doktor der Philosophie 男
学長・総長	Rektor 男 -s/-en
教授	Professor 男 -s/-en
講師	Dozent 男 -en/-en
非常勤講師	Lehrbeauftragte 男・囡 ＜形容詞的変化＞
	Lektor 男 -s/-en
助手	Assistent 男 -en/-en
聾唖学校	Taubstummenschule 囡 -/-n
職業学校	Berufsschule 囡 -/-n
料理学校	Kochschule 囡 -/-n
自動車学校・教習所	Fahrschule 囡 -/-n
免状	Diplom 囲 -s/-e

9. 学校と教育

学歴	Schulbildung 囡 -/
入学試験	Aufnahmeprüfung 囡 -/-en
受験者	Prüfungskandidat 男 -en/-en
合格する・及第する 　（試験に〜）	die Prüfung bestehen
不合格になる・落第する	bei der Prüfung durch|fallen
筆記試験	schriftliche Prüfung 囡
口述試験	mündliche Prüfung 囡
試験問題	Prüfungsaufgabe 囡 -/-n
点数・成績	Zensur 囡 -/-en
	Note 囡 -/-n
受験料	Prüfungsgebühr 囡 -/-en
入学金	Eintrittsgeld 田 -es/-er
授業料	Schulgeld 田 -es/
授業料免除	Schulgeldfreiheit 囡 -/
奨学金	Stipendium 田 -s/...dien

(2) 学校生活

学校生活	Schulleben 田 -s/
校舎	Schulgebäude 田 -s/-
教室	Klassenzimmer 田 -s/-
教壇	Pult 田 -(e)s/-e
黒板	Tafel 囡 -/-n
	Wandtafel 囡 -/-n
黒板消し	Tafelschwamm 男 　-(e)s/...schwämme
チョーク	Kreide 囡 -/-n
貼り紙	Aushang 男 -(e)s/...hänge
掲示板	schwarzes Brett 田
視聴覚教室	audiovisueller Unterrichtsraum 男
LL教室	Sprachlabor 田 -s/-s (-e)

− 150 −

9．学校と教育

図書室	Bibliothek 女 -/-en
閲覧室	Lesesaal 男 -(e)s/...säle
講堂	Aula 女 -/...len, -s
体育館	Turnhalle 女 -/-n
	Sporthalle 女 -/-n
教員室	Lehrerzimmer 中 -s/-
校長	Schuldirektor 男 -s/-en
	Rektor 男 -s/-en
教員・先生・教師	Lehrer 男 -s/-
担任の先生	Klassenlehrer 男 -s/-
クラスメイト	Mitschüler 男 -s/-
上級生	Schüler der oberen Klasse 複
下級生	Schüler der unteren Klasse 複
学年	Schuljahr 中 -(e)s/-e
	Studienjahr 中 -(e)s/-e
新学年	das neue Schuljahr 中
留年する	sitzen bleiben
学期	Semester 中 -s/-
新学期	das neue Semester 中
授業	Unterricht 男 -(e)s/-e ＜複数まれ＞
休み時間	Pause 女 -/-n
出席簿	Klassenbuch 中 -(e)s/...bücher
出席をとる	die Anwesenheit fest|stellen
出席している	anwesend sein
欠席している	fehlen
遅刻する	sich verspäten
サボる(学校を～)	die Schule schwänzen
教える	lehren
	unterrichten
説明する	erklären
学ぶ	lernen

9. 学校と教育

質問する	fragen
答える	antworten
勉強する	lernen
予習する	et.⁴ vor|bereiten
復習する	nach|holen
	nach|arbeiten
教科書	Lehrbuch 中 -(e)s/...bücher
宿題	Hausaufgabe 女 -/-n
補習	Nachhilfe 女 -/-n
家庭教師をする	Nachhilfestunden geben
書取り	Diktat 中 -(e)s/-e
試験・テスト	Prüfung 女 -/-en
	Test 男 -(e)s/-s (-e)
	Klausur 女 -/-en
解答	Lösung 女 -/-en
	Lösungsschlüssel 男 -s/-
カンニングする	ab|schreiben
	mogeln
カンニングペーパー	Spickzettel 男 -s/-
スクールバス	Schulbus 男 -ses/-se
登校する	in die Schule gehen
下校する	von der Schule kommen
制服	Schuluniform 女 -/-en
通学鞄	Schulmappe 女 -/-n
ランドセル	Schulranzen 男 -s/-
夏休み	Sommerferien 複
冬休み	Weihnachtsferien 複
春休み	Osterferien 複
夏期講習・サマースクール	Sommerkurs 男 -es/-e
成績	Leistung 女 -/-en
通知表・通信簿	Schulzeugnis 中 -ses/-se

― 152 ―

9. 学校と教育

卒業試験	Abschlussprüfung 囡 -/-en
	Examen 匣 -s/- (...mina)
高校卒業資格試験	Abitur 匣 -s/-e ＜複数まれ＞
首席	Klassenbeste 男・囡 ＜形容詞的変化＞
学割	Studentenermäßigung 囡 -/-en
寄宿舎・寮	Wohnheim 匣 -(e)s/-e
	Internat 匣 -(e)s/-e
学生食堂	Mensa 囡 -/-s, ...sen
講義室	Hörsaal 男 -(e)s/...säle
講義	Vorlesung 囡 -/-en
演習	Übung 囡 -/-en
ゼミナール	Seminar 匣 -s/-e
実験	Experiment 匣 -(e)s/-e
レポート	Hausarbeit 囡 -/-en
発表	Referat 匣 -(e)s/-e
同窓会	Klassentreffen 匣 -s/-

(3) 教科

教科・科目	Lehrfach 匣 -(e)s/...fächer
必修科目	Pflichtfach 匣 -(e)s/...fächer
選択科目	Wahlfach 匣 -(e)s/...fächer
カリキュラム	Lehrplan 男 -(e)s/...pläne
時間割	Stundenplan 男 -(e)s/...pläne
授業	Unterricht 男 -(e)s/-e ＜複数まれ＞
国語・日本語	Japanisch 匣 -(s)/ ＜定冠詞と＞
算数	Mathematik 囡 -/
理科	Biologie 囡 -/
社会科	Sozialkunde 囡 -/

9．学校と教育

図画	Zeichenunterricht 男 -(e)s/-e ＜複数まれ＞
音楽	Musikunterricht 男 -(e)s/-e ＜複数まれ＞
体育	Sportunterricht 男 -(e)s/-e ＜複数まれ＞
外国語	Fremdsprachenunterricht 男 -(e)s/-e ＜複数まれ＞
人文科学	Geisteswissenschaften 複
自然科学	Naturwissenschaft 女 -/-en ＜ふつう複数で＞
社会科学	Soziologie 女 -/
政治学	Politikwissenschaft 女 -/
経済学	Wirtschaftswissenschaft 女 -/-en ＜ふつう複数で＞
	Volkswirtschaftslehre 女 -/-n
経営学	Betriebswirtschaftslehre 女 -/
法学	Jura 複
考古学	Archäologie 女 -/
歴史	Geschichte 女 -/
世界史	Weltgeschichte 女 -/
ドイツ史	deutsche Geschichte 女
西洋史	abendländische Geschichte 女
地理	Geographie 女 -/
神学	Theologie 女 -/-n
哲学	Philosopie 女 -/-n
倫理学	Ethik 女 -/-en
論理学	Logik 女 -/
美学	Ästhetik 女 -/-en
心理学	Psychologie 女 -/
言語学	Sprachwissenschaft 女 -/
	Linguistik 女 -/

9. 学校と教育

文学	Literaturwissenschaft 女 -/ <複数まれ>
国文学・日本文学	japanische Literatur 女
英語学・英文学	Anglistik 女 -/
独語学・独文学	Germanistik 女 -/
教育学	Pädagogik 女 -/
	Erziehungswissenschaft 女 -/
数学	Mathematik 女 -/
代数	Algebra 女 -/
幾何	Geometrie 女 -/
物理学	Physik 女 -/
化学	Chemie 女 -/
生物学	Biologie 女 -/
動物学	Zoologie 女 -/
植物学	Botanik 女 -/
地学	Geologie 女 -/
鉱物学	Mineralogie 女 -/
天文学	Astronomie 女 -/
医学	Medizin 女 -/
薬学	Pharmazie 女 -/
歯学	Zahnmedizin 女 -/
スポーツ科学	Sportwissenschaft 女 -/
工学	Technik 女 -/
電子工学	Elektrotechnik 女 -/
建築学	Architektur 女 -/
情報科学	Informatik 女 -/

(4) 文房具

文房具	Schreibware 女 -/-n <ふつう複数で>
鉛筆	Bleistift 男 -(e)s/-e

9. 学校と教育

ボールペン	Kugelschreiber 男 -s/-
	Kuli 男 -s/-s
シャープペン	Druckbleistift 男 -(e)s/-e
万年筆	Füllfederhalter 男 -s/-
	Füller 男 -s/-
ペン先	Feder 女 -/-n
インク	Tinte 女 -/-n
カートリッジ	Patrone 女 -/-n
サインペン・フェルトペン	Filzschreiber 男 -s/-
	Filzstift 男 -(e)s/-e
マジックペン	dicker Filzstift 男
マーカーペン	Marker 男 -s/-(s)
ペンケース	Mäppchen 中 -s/-
消しゴム	Radiergummi 男 -s/-s
修正液	Korrekturflüssigkeit 女 -/-en
修正ペン	Korrekturstift 男 -(e)s/-e
水彩絵の具	Wasserfarbe 女 -/-n
油性絵の具	Ölfarbe 女 -/-n
筆・絵筆	Pinsel 男 -s/-
色鉛筆・クレヨン	Buntstift 男 -(e)s/-e
描く	malen
	zeichnen
スケッチブック	Skizzenblock 男 -(e)s/...blöcke, -s
紙	Papier 中 -s/-e
ノート	Heft 中 -(e)s/-e
ルーズリーフ	Ringbuch 中 -(e)s/...bücher
レポート用紙	Schreibblock 男 -(e)s/...blöcke, -s
方眼紙・グラフ用紙	Millimeterpapier 中 -s/-e
メモ用紙	Notizblock 男 -(e)s/...blöcke, -s
下敷き	Schreibunterlage 女 -/-n
ラベル・レッテル	Etikett 中 -(e)s/-e(n), (-s)
ステッカー	Aufkleber 男 -s/-

付箋	Haftnotiz 女 -/-en
カード	Karte 女 -/-n
カードボックス	Karteikasten 男 -s/...kästen
名刺	Visitenkarte 女 -/-n
定規・物差し	Lineal 中 -s/-e
三角定規	Dreieck 中 -s/-e
コンパス	Zirkel 男 -s/-
分度器	Winkelmesser 男 -s/-
ナイフ・カッター	Messer 中 -s/-
	Taschenmesser 中 -s/-
ペーパーナイフ	Brieföffner 男 -s/-
鉛筆削り	Bleistiftspitzer 男 -s/-
クリップ	Büroklammer 女 -/-n
ホチキス・ステープラー	Hefter 男 -s/-
ホチキスの針	Heftklammer 女 -/-n
パンチ	Locher 男 -s/-
はさみ	Schere 女 -/-n
糊	Klebstoff 男 -(e)s/-e
スティック糊	Klebestift 男 -(e)s/-e
セロハンテープ	Tesafilm 男 -(e)s/
	Kleb(e)streifen 男 -s/-
画鋲	Reißzwecke 女 -/-n
	Reißnagel 男 -s/...nägel
ファイル・バインダー	Aktenordner 男 -s/-
計算機	Taschenrechner 男 -s/-
タイプライター	Schreibmaschine 女 -/-n

<u>会話パターン 25</u>

A：Bist du Student ?
B：Ja.
A：Ich auch. Ich studiere Jura. Und du ?
B：Ich studiere Literatur an der Heisei Universität.

10. 身体と医療

A：Lernst du auch Fremdsprachen?
B：Ja, ich lerne Deutsch und Englisch. Und du?
A：Ich lerne Japanisch. Wir können uns vielleicht manchmal gegenseitig Unterricht geben. Du bringst mir Japanisch bei, und ich dir Deutsch.
B：Das ist eine gute Idee.

A：あなたは学生？
B：ええ。
A：私も大学で勉強してるの。専攻は法学です。あなたは？
B：私は平成大学で文学を勉強しています。
A：外国語も学んでるの？
B：ええ、ドイツ語と英語を。あなたは？
A：私は日本語を。もしかしたらときどき教えあったりできるかもね。あなたが私に日本語を教えて、私があなたにドイツ語を。
B：それはいい考えだわ。

10. 身体と医療

(1) 身体

身体・肉体	Körper 男 -s/-
胴	Rumpf 男 -(e)s/Rümpfe
肩	Schulter 女 -/-n
	Achsel 女 -/-n
胸	Brust 女 -/
乳房	Brust 女 -/Brüste
	Busen 男 -s/-
乳首	Brustwarze 女 -/-n
腹	Bauch 男 -(e)s/Bäuche
へそ	Nabel 男 -s/-

10. 身体と医療

ウエスト	Taille 女 -/-n
腰	Hüfte 女 -/-n
陰部	Schamgegend 女 -/
尻	Gesäß 中 -es/-e
背中	Rücken 男 -s/-
手足・四肢	Glieder 複
腕	Arm 男 -(e)s/-e
腋	Achselhöhle 女 -/-n
二の腕	Oberarm 男 -(e)s/-e
肘	Ell(en)bogen 男 -s/-
手首	Handgelenk 中 -(e)s/-e
手	Hand 女 -/Hände
手のひら	Handteller 男 -s/-
	Handfläche 女 -/-n
手の甲	Handrücken 男 -s/-
こぶし	Faust 女 -/Fäuste
脚	Bein 中 -(e)s/-e
ふともも	Schenkel 男 -s/-
	Oberschenkel 男 -s/-
すね	Unterschenkel 男 -s/-
ふくらはぎ	Wade 女 -/-n
膝	Knie 中 -s/-
足	Fuß 男 -es/Füße
くるぶし	Knöchel 男 -s/-
足の甲	Spann 男 -(e)s/-e
	Fußrücken 男 -s/-
足の裏	Fußsohle 女 -/-n
踵	Ferse 女 -/-n
指	Finger 男 -s/-
親指	Daumen 男 -s/-
人差し指	Zeigefinger 男 -s/-
中指	Mittelfinger 男 -s/-

10. 身体と医療

薬指	Ringfinger 男 -s/-
小指	der kleine Finger 男
足指	Zehe 女 -/-n
爪	Fingernagel 男 -s/...nägel
肌・皮膚	Haut 女 -/Häute
体格	Körperbau 男 -(e)s/
身長	Größe 女 -/-n ＜複数まれ＞
	Körpergröße 女 -/-n ＜複数まれ＞
体重	Gewicht 中 -(e)s/
	Körpergewicht 中 -(e)s/
太った	dick
痩せた・骨ばった	mager
ほっそりした・スリムな	schlank
たくましい・がっしりした	kräftig
	stark
弱い・弱々しい	schwach
華奢な・か弱い	zart
筋肉	Muskel 男 -s/-n
骨	Knochen 男 -s/-
頭蓋骨	Schädel 男 -s/-
肋骨	Rippe 女 -/-n
背骨・脊椎	Wirbelsäule 女 -/-n
	Rückgrat 男 -(e)s/-e
骨盤	Becken 中 -s/-
関節	Gelenk 中 -(e)s/-e
骨格・骸骨	Skelett 中 -(e)s/-e
	Knochengerüst 中 -(e)s/-e
裸の	nackt
頭	Kopf 男 -(e)s/Köpfe
髪	Haar 中 -(e)s/-e
つむじ	Haarwirbel 男 -s/-
顔	Gesicht 中 -(e)s/-er

10. 身体と医療

額・おでこ・眉間	Stirn 囡 -/-en
こめかみ	Schläfe 囡 -/-n
顔色	Gesichtsfarbe 囡 -/-n
皺	Runzel 囡 -/-n ＜ふつう複数で＞
	Falte 囡 -/-n
目	Auge 匣 -s/-n
瞳	Pupille 囡 -/-n
まつげ	Wimper 囡 -/-n
瞼	Lid 匣 -(e)s/-er
	Augenlid 匣 -(e)s/-er
目尻・目頭	Augenwinkel 男 -s/-
眉	Augenbraue 囡 -/-n
鼻	Nase 囡 -/-n
鼻の穴	Nasenloch 匣 -(e)s/...löcher
小鼻	Nasenflügel 男 -s/-
頬	Wange 囡 -/-n
えくぼ	Grübchen 匣 -s/-
そばかす	Sommersprosse 囡 -/-n ＜ふつう複数で＞
あざ・ほくろ	Muttermal 匣 -(e)s/-e
耳	Ohr 匣 -(e)s/-en
耳たぶ	Ohrläppchen 匣 -s/-
鼓膜	Trommelfell 匣 -(e)s/-e
口	Mund 男 -(e)s/Münder
唇	Lippe 囡 -/-n
舌	Zunge 囡 -/-n
歯	Zahn 男 -(e)s/Zähne
	Gebiss 匣 -es/-e
乳歯	Milchzahn 男 -(e)s/...zähne
永久歯	die zweiten Zähne 複
前歯	Schneidezahn 男 -(e)s/...zähne
	Vorderzahn 男 -(e)s/...zähne

— 161 —

10. 身体と医療

奥歯	Backenzahn 男 -(e)s/...zähne
犬歯・糸切り歯	Eckzahn 男 -(e)s/...zähne
親知らず	Weisheitszahn 男 -(e)s/...zähne
歯茎	Zahnfleisch 中 -(e)s/
顎	Kinn 中 -(e)s/-e
のど	Kehle 女 -/-n
	Gurgel 女 -/-n
喉ぼとけ	Adamsapfel 男 -s/...äpfel
喉びこ	Zäpfchen 中 -s/-
脳	Gehirn 中 -(e)s/-e
首	Hals 男 -es/Hälse
襟首・うなじ	Nacken 男 -s/-
	Genick 中 -(e)s/-e
髭	Bart 男 -(e)s/Bärte
顎髭	Kinnbart 男 -(e)s/...bärte
口髭	Schnurrbart 男 -(e)s/...bärte
頬髭	Backenbart 男 -(e)s/...bärte
内臓	Eingeweide 中 -s/- ＜ふつう複数で＞
	Gedärm 中 -(e)s/-e
呼吸器	Atmungsorgan 中 -s/-e ＜ふつう複数で＞
息・呼吸	Atem 男 -s/
気管	Luftröhre 女 -/-n
肺	Lunge 女 -/-n
心臓	Herz 中 -ens/-en
脈拍	Puls 男 -es/-e
	Pulsschlag 男 -(e)s/...schläge
血圧	Blutdruck 男 -(e)s/
血液	Blut 中 -(e)s/(-e)
血管	Blutgefäß 中 -es/-e
胃	Magen 男 -s/Mägen (-)

10. 身体と医療

腸	Darm 男 -(e)s/Därme
小腸	Dünndarm 男 -(e)s/...därme
大腸	Dickdarm 男 -(e)s/...därme
肝臓	Leber 女 -/-n
腎臓	Niere 女 -/-n
膀胱	Harnblase 女 -/-n
性器	Geschlechtsorgan 中 -s/-e
精巣・睾丸	Hoden 男 -s/-
子宮	Gebärmutter 女 -/...mütter
	Uterus 男 -/...ri
神経	Nerv 男 -s/-en
唾液	Speichel 男 -s/-
汗	Schweiß 男 -es/(-e)
毛穴	Pore 女 -/-n

(2) 病気

健康	Gesundheit 女 -/
病気・病名	Krankheit 女 -/-en
病気である	krank sein
寝たきりである	bettlägerig sein
看病する	jn. pflegen
安静にする	im Bett liegen
治る	heilen
インフルエンザ・流感	Grippe 女 -/-n
鼻風邪	Schnupfen 男 -s/-
風邪	Erkältung 女 -/-en
風邪をひく	sich⁴ erkälten
扁桃炎	Mandelentzündung 女 -/-en
喘息	Asthma 中 -s/
肺炎	Lungenentzündung 女 -/-en
心筋梗塞	Herzinfarkt 男 -(e)s/-e

10. 身体と医療

胃潰瘍	Magengeschwür 中 -s/-e
盲腸炎	Blinddarmentzündung 女 -/-en
脳卒中	Hirnschlag 男 -(e)s/...schläge
負傷・怪我	Verletzung 女 -/-en
負傷する	sich⁴ verletzen
重傷である	schwer verletzt sein
軽傷である	leicht verletzt sein
傷・怪我	Wunde 女 -/-n
傷跡	Narbe 女 -/-n
切り傷	Schnittwunde 女 -/-n
擦り傷	Schramme 女 -/-n
打ち身・打撲	Prellung 女 -/-en
火傷	Brandwunde 女 -/-n
	Verbrennung 女 -/-en
火傷する	sich⁴ verbrennen
骨折	Knochenbruch 男 -(e)s/...brüche
	Fraktur 女 -/-en
骨折する	sich³ einen Knochen brechen
脱臼する(腕を〜)	sich³ den Arm aus|renken
	sich³ den Arm verrenken
捻挫する・くじく(手を〜)	sich³ die Hand verstauchen
むち打ち症	Schleudertrauma 中 -s/...ma, -ta
ぎっくり腰	Hexenschuss 男 -es/
ものもらい	Gerstenkorn 中 -(e)s/...körner
精神病	Geisteskrankheit 女 -/-en
不眠症	Schlaflosigkeit 女 -/
ノイローゼ	Neurose 女 -/-n
小児病	Kinderkrankheit 女 -/-en
麻疹・はしか	Masern 複
風疹	Röteln 複

10. 身体と医療

おたふく風邪	Mumps 男 (女) -/
	Ziegenpeter 男 -s/-
百日咳	Keuchhusten 男 -s/- ＜複数まれ＞
糖尿病	Zuckerkrankheit 女 -/
	Diabetes (mellitus) 男 -/
癌	Krebs 男 -es/-e
リューマチ	Rheumatismus 男 -/...men
貧血	Blutarmut 女 -/
	Anämie 女 -/-n
高血圧	hoher Blutdruck 男
低血圧	niedriger Blutdruck 男
感染症	Infektionskrankheit 女 -/-en
伝染病	Seuche 女 -/-n
	Epidemie 女 -/-n
コレラ	Cholera 女 -/
赤痢	Ruhr 女 -/-en ＜複数まれ＞
ペスト	Pest 女 -/
ジフテリア	Diphtherie 女 -/-n
エイズ	Aids 中 -/ ＜ふつう冠詞なしで＞
性病	Geschlechtskrankheit 女 -/-en
ウイルス	Virus 中(男) -/Viren
細菌	Bakterie 女 -/-n ＜ふつう複数で＞
食中毒	Lebensmittelvergiftung 女 -/-en
アレルギー	Allergie 女 -/-n
	Überempfindlichkeit 女 -/
花粉症	Pollenallergie 女 -/-n
	Heuschnupfen 男 -s/-
湿疹	Ekzem 中 -s/-e
蕁麻疹	Nesselsucht 女 -/
	Nesselausschlag 男 -(e)s/...schläge ＜複数まれ＞
いぼ	Warze 女 -/-n

10. 身体と医療

症状	Symptom 中 -s/-e
痛み	Schmerz 男 -es/-en
頭痛	Kopfschmerz 男 -es/-en <ふつう複数で>
腹痛	Bauchschmerz 男 -es/-en <ふつう複数で>
咳をする	husten
くしゃみをする	niesen
痰	Schleim 男 -(e)s/-e
しゃっくり	Schluckauf 男 -s/
食欲	Appetit 男 -(e)s/-e <複数まれ>
消化不良	Verdauungsstörung 女 -/-en
吐く	et.⁴ erbrechen
	sich⁴ erbrechen
下痢	Durchfall 男 -(e)s/...fälle
便通	Stuhlgang 男 -(e)s/
便秘	Verstopfung 女 -/-en
痔	Hämorrhoide 女 -/-n <ふつう複数で>
発作	Anfall 男 -(e)s/...fälle
心臓(喘息)の発作を起こす	einen Herzanfall (Asthmaanfall) bekommen
失神する・気絶する	in Ohnmacht fallen
	ohnmächtig werden
	bewusstlos sein
麻痺	Lähmung 女 -/-en
痙攣	Krampf 男 -(e)s/Krämpfe
出血する	bluten
鼻血	Nasenbluten 中 -s/
日射病	Sonnenstich 男 -(e)s/-e
凍傷	Erfrierung 女 -/-en
霜焼け	Frostbeule 女 -/-n

10. 身体と医療

膿	Eiter 男 -s/
腫れる	schwellen
重病の	schwer krank
危篤の	todkrank
急性の	akut
慢性の	chronisch
あくびをする	gähnen
汗	Schweiß 男 -es/ (-e)
汗をかく	schwitzen
いびきをかく	schnarchen
お腹がすく	Hunger haben
のどが乾く	Durst haben
げっぷする	auf|stoßen
	rülpsen
うがいをする	gurgeln
生理・月経	Menstruation 女 -/-en
	Periode 女 -/-n
体温	Körpertemperatur 女 -/-e
熱を計る	Fieber messen
体温計	Fieberthermometer 中（オーストリア・スイス：男）-s/-
涙	Träne 女 -/-n
尿	Urin 男 -s/-e ＜複数まれ＞
	Harn 男 -(e)s/-e
眠い	müde
	schläfrig
眠りこむ	ein|schlafen
目が覚める	auf|wachen
涎	Speichel 男 -s/
	Spucke 女 -/
よだれを垂らす	sabbern
屁・おなら	Blähung 女 -/-en

― 167 ―

10. 身体と医療

屁をひる　　　　　　　　Blähungen haben

(3) 病院

病院	Krankenhaus 甲 -es/...häuser
大学付属病院	Klinik 囡 -/-en
診療所・医院	Praxis 囡 -/...xen
婦人科医院	Frauenklinik 囡 -/-en
精神病院	psychiatrische Klinik 囡
赤十字	das Rote Kreuz 甲
医者・医師	Arzt 男 -es/Ärzte
専門医	Facharzt 男 -es/...ärzte
主治医・かかりつけの医者	Hausarzt 男 -es/...ärzte
開業医	praktischer Arzt 男
外科	Chirurgie 囡 -/-n
内科	die innere Medizin 囡
小児科	Kinderheilkunde 囡 -/
	Pädiatrie 囡 -/
整形外科	Örthopädie 囡 -/
眼科	Augenheilkunde 囡 -/
産科	Geburtshilfe 囡 -/
助産婦	Hebamme 囡 -/-n
婦人科	Frauenheilkunde 囡 -/
	Gynäkologie 囡 -/
耳鼻咽喉科	Hals-Nasen-Ohren-Heilkunde 囡 -/(略：HNO-Heilkunde)
皮膚科	Dermatologie 囡 -/
精神科	Psychiatrie 囡 -/
精神分析	Psychoanalyse 囡 -/
診察室	Sprechzimmer 甲 -s/-
	Untersuchungszimmer 甲 -s/-

10. 身体と医療

外来(救急)診療科	Poliklinik 女 -/-en
	Ambulanz 女 -/-en
診察時間	Sprechstunde 女 -/-n
待合室	Wartezimmer 中 -s/-
健康診断	ärztliche Untersuchung 女
診察・診断	Untersuchung 女 -/-en
回診	Visite 女 -/-n
診察する・検査する	untersuchen
治療・手当て	Behandlung 女 -/-en
診察料・治療費	Behandlungskosten 複
聴診器	Stethoskop 中 -s/-e
血液検査	Blutuntersuchung 女 -/-en
血液型	Blutgruppe 女 -/-n
血圧計	Blutdruckmesser 男 -s/-
心電図	Elektrokardiogramm 中 -s/-e (略：EKG)
エイズ検査	Aidstest 男 -(e)s/-s (-e)
尿検査	Urinuntersuchung 女 -/-en
レントゲン写真	Röntgenbild 中 -(e)s/-er
診断書	schriftliche Diagnose 女
カルテ	Krankenblatt 中 -(e)s/...blätter
処方箋	Rezept 中 -(e)s/-e
お大事に。	Gute Besserung！
健康保険・医療保険	Krankenkasse 女 -/-n
健康保険証	Krankenschein 男 -(e)s/-e
入院する	ins Krankenhaus gehen
病人・患者	Kranke 男・女 ＜形容詞的変化＞
	Patient 男 -en/-en
病人食	Schonkost 女 -/
応急手当	erste Hilfe 女
心臓マッサージ	Herzmassage 女 -/-n

10. 身体と医療

人工呼吸	künstliche Beatmung 女
	Mund-zu-Mund-Beatmung 女 -/-en
食餌療法	Diät 女 -/
放射線療法	Radiotherapie 女 -/-n
心理療法	Psychotherapie 女 -/
手術	Operation 女 -/-en
手術室	Operationssaal 男 -(e)s/...säle
麻酔	Narkose 女 -/-n
点滴を受ける	am Tropf hängen
注射	Injektion 女 -/-en
	Spritze 女 -/-n
心臓移植	Herztransplantation 女 -/-en
消毒する・殺菌する	sterilisieren
看護婦	Krankenschwester 女 -/-n
看護士	Krankenpfleger 男 -s/-
付添人	Pfleger 男 -s/-
	Betreuer 男 -s/-
リハビリ	Rehabilitation 女 -/-en
車椅子	Rollstuhl 男 -(e)s/...stühle
松葉杖	Krücke 女 -/-n
救急車	Krankenwagen 男 -s/-
	Ambulanz 女 -/-en
担架	Trage 女 -/-n
病室	Krankenzimmer 中 -s/-
病床	Krankenbett 中 -(e)s/-en
面会・見舞い	Krankenbesuch 男 -(e)s/-e
妊娠	Schwangerschaft 女 -/-en
妊娠する	schwanger werden
つわり	Schwangerschaftsübelkeit 女 -/-en

10. 身体と医療

妊娠中絶	Schwangerschaftsabbruch 男 -(e)s/...brüche
出産・分娩	Geburt 女 -/-en
	Entbindung 女 -/-en
分娩室	Kreißsaal 男 -(e)s/...säle
安産	eine leichte Geburt 女
難産	eine schwere Geburt 女
母子手帳	Mutterpass 男 -es/...pässe
健康によい	gesund
健康に悪い	ungesund
予防接種	Impfung 女 -/-en
ワクチン	Impfstoff 男 -(e)s/-e
	Vakzine 女 -/-n
免疫	Immunität 女 -/-en ＜複数まれ＞
歯科	Zahnmedizin 女 -/
歯科医	Zahnarzt 男 -es/...ärzte
歯科医院	Zahnarztpraxis 女 -/...xen
予約	Termin 男 -s/-e
虫歯	Karies 女 -/
	Zahnfäule 女 -/
歯周病	Zahnfleischschwund 男 -(e)s/
	Parodontose 女 -/-n
ブリッジ	Brücke 女 -/-n
金歯	Goldzahn 男 -(e)s/...zähne
義歯・入れ歯	Zahnersatz 男 -es/
	künstlicher Zahn 男
総入れ歯	künstliches Gebiss 中
歯並び	Gebiss 中 -es/-e
歯列矯正	Kieferorthopädie 女 -/
歯を抜く	den Zahn ziehen
詰め物	Füllung 女 -/-en

10. 身体と医療

(4) 薬局

薬局・薬屋	Apotheke 女 -/-n
薬剤師	Apotheker 男 -s/-
薬	Medikament 中 -(e)s/-e
	Arzneimittel 中 -s/-
服用する(薬を〜)	ein Medikament ein|nehmen
薬草	Heilpflanze 女 -/-n
	Heilkraut 中 -(e)s/...kräuter
錠剤	Tablette 女 -/-n
糖衣錠	Dragee 中 -s/-s
カプセル	Kapsel 女 -/-n
粉薬	Pulver 中 -s/-
一服・一包	Dosis 女 -/Dosen
水薬	flüssiges Arzneimittel 中
うがい薬	Gurgelwasser 中 -s/...wässer
食前	vor dem Essen
食後	nach dem Essen
塗り薬・軟膏	Salbe 女 -/-n
塗る	auf|tragen
	et.⁴ auf et.⁴ streichen
擦り込む	verreiben
湿布	Umschlag 男 -(e)s/...schläge
	Wickel 男 -s/-
座薬	Zäpfchen 中 -s/-
毒薬	Gift 中 -(e)s/-e
解毒剤	Gegengift 中 -(e)s/-e
解熱剤	Fiebermittel 中 -s/-
アスピリン	Aspirin 中 -s/
鎮痛剤・痛み止め	Schmerzmittel 中 -s/-
頭痛薬	Kopfschmerztablette 女 -/-n
鎮静剤・精神安定剤	Beruhigungsmittel 中 -s/-

10. 身体と医療

咳止め	Hustenmittel 中 -s/-
のど飴	Hustenbonbon 男・中 -s/-s
点眼薬・目薬	Augentropfen 複
下剤	Abführmittel -s/-
避妊手段	Verhütungsmittel 中 -s/-
経口避妊薬・ピル	Antibabypille 女 -/-n
	Pille 女 -/ ＜定冠詞と＞
特効薬	Spezialmittel 中 -s/-
抗生物質	Antibiotikum 中 -s/...ka
睡眠薬	Schlafmittel 中 -s/-
ビタミン剤	Vitamintablette 女 -/-n
	Vitaminpräparat 中 -(e)s/-e
漢方	altchinesische Medizin 女
救急箱	Verband(s)kasten 男 -s/...kästen (-)
消毒薬	Desinfektionsmittel 中 -s/-
脱脂綿	Watte 女 -/ (種類：-n)
ガーゼ	Tupfer 男 -s/-
包帯	Binde 女 -/-n
	Verband 男 -(e)s/...bände
絆創膏	Heftpflaster 中 -s/-
	Pflaster -s/-
ピンセット	Pinzette 女 -/n
生理用ナプキン	Damenbinde 女 -/-n
タンポン	Tampon 男 -s/-s
氷嚢	Eisbeutel 男 -s/-

<u>会話パターン 26</u>

A：Was fehlt Ihnen？
B：Ich fühle mich nicht wohl. Mir ist schwindlig, ich habe Kopfschmerzen, mein Hals tut mir weh und mir läuft ständig die Nase.

11. 生物と地誌

A : Aha. Sie müssen sich erkältet haben. Sie sollten besser einige Tage im Bett bleiben.
B : Ich kann nicht. Diese Arbeit, mit der ich mich jetzt beschäftige, ist ziemlich wichtig. Und die Frist läuft in einer Woche ab.
A : Dann bleibt Ihnen nichts anderes übrig als eine Spritze.
B : O nein ! Muss das sein ?

A : どうしました？
B : 具合が悪いんです。めまいはするし，頭痛はするし，のどは痛いし，鼻水が止まらないんです。
A : なるほど。風邪を引いたようですね。何日か安静にしてた方がいいでしょう。
B : 無理です。今抱えてる仕事がとても重要で。期限が一週間後なんです。
A : そういうことなら，あなたに残された道は注射しかありませんね。
B : そんな！　どうしても？

11. 生物と地誌

(1) 生物

① 動物

生物	Lebewesen 中 -s/-
動物・獣	Tier 中 -(e)s/-e
野生動物	wildes Tier 中
ほ乳類	Säugetier 中 -(e)s/-e
鳥類	Vogel 男 -s/Vögel
魚類	Fisch 男 -(e)s/-e

― 174 ―

11. 生物と地誌

は虫類	Reptil 中 -s/-ien (-e)
両生類	Lurch 男 -(e)s/-e
昆虫類	Insekt 中 -s/-en
霊長類	Menschenaffe 男 -n/-n
ヒト	Mensch 男 -en/-en
サル	Affe 男 -n/-n
ゴリラ	Gorilla 男 -s/-s
チンパンジー	Schimpanse 男 -n/-n
オランウータン	Orang-Utan 男 -s/-s
ヒヒ	Pavian 男 -s/-e
猛獣・野獣	Raubtier 中 -(e)s/-e
	Bestie 女 -/-n
ライオン	Löwe 男 -n/-n
虎	Tiger 男 -s/-
ヒョウ	Leopard 男 -en/-en
チーター	Gepard 男 -s/-e
ハイエナ	Hyäne 女 -/-n
前足(猛獣の)	Pranke 女 -/-n
	Tatze 女 -/-n
キリン	Giraffe 女 -/-n
ゾウ	Elefant 男 -en/-en
サイ	Nashorn 中 -(e)s/...hörner
カバ	Nilpferd 中 -(e)s/-e
シマウマ	Zebra 中 -s/-s
ラクダ	Kamel 中 -(e)s/-e
ラマ	Lama 中 -s/-s
アリクイ	Ameisenbär 男 -en/-en
バク	Tapir 男 -s/-e
クマ	Bär 男 -en/-en
ヒグマ	Braunbär 男 -en/-en
パンダ	Panda 男 -s/-s
シロクマ	Eisbär 男 -en/-en

11. 生物と地誌

オオカミ	Wolf 男 -(e)s/Wölfe
キツネ	Fuchs 男 -es/Füchse
シカ	Hirsch 男 -(e)s/-e
ノロジカ	Reh 中 -(e)s/-e
角(シカの)	Geweih 中 -(e)s/-e
アナグマ	Dachs 男 -es/-e
イノシシ	Wildschwein 中 -(e)s/-e
ウサギ	Kaninchen 中 -s/-
ノウサギ	Hase 男 -n/-n
ネズミ	Ratte 女 -/-n
ハツカネズミ	Maus 女 -/Mäuse
ノネズミ	Feldmaus 女 -/...mäuse
ハムスター	Hamster 男 -s/-
ミンク	Nerz 男 -es/-e
オコジョ・イタチ	Hermelin 中 -s/-e
カワウソ	Otter 男 -s/-
ヤマネ	Bilch 男 -(e)s/-e
リス	Eichhörnchen 中 -s/-
ハリネズミ	Igel 男 -s/-
スカンク	Stinktier 中 -(e)s/-e
モグラ	Maulwurf 男 -(e)s/...würfe
コウモリ	Fledermaus 女 -/...mäuse
ワニ	Krokodil 中 -s/-e
ヘビ	Schlange 女 -/-n
マムシ	Kreuzotter 女 -/-n
カメ	Schildkröte 女 -/-n
イグアナ	Leguan 男 -s/-e
トカゲ	Eidechse 女 -/-n
カメレオン	Chamäleon 中 -s/-s
ヤモリ	Gecko 男 -s/-s, -onen
カエル	Frosch 男 -(e)s/Frösche
ヒキガエル・ガマガエル	Kröte 女 -/-n

11. 生物と地誌

オタマジャクシ	Kaulquappe 女 -/-n
イモリ	Molch 男 -(e)s/-e
サンショウウオ	Salamander 男 -s/-
鯨	Wal 男 -(e)s/-e
イルカ	Delphin 男 -s/-e
オットセイ・アザラシ	Seehund 男 -(e)s/-e
アシカ・トド	Seelöwe 男 -n/-n
カンガルー	Känguru 中 -s/-s
コアラ	Koala 男 -s/-s
家畜	Haustier 中 -(e)s/-e
	Vieh 中 -(e)s/
馬	Pferd 中 -(e)s/-e
ひづめ	Huf 男 -(e)s/-e
たてがみ	Mähne 女 -/-n
尾・尻尾	Schwanz 男 -es/Schwänze
ろば	Esel 男 -s/-
牛	Rind 中 -(e)s/-er
角	Horn 中 -(e)s/Hörner
雌牛	Kuh 女 -/Kühe
雄牛	Ochse 男 -n/-n
豚	Schwein 中 -(e)s/-e
ヤギ	Ziege 女 -/-n
羊	Schaf 中 -(e)s/-e
ペット	Haustier 中 -(e)s/-e
犬	Hund 男 -(e)s/-e
セントバーナード	Bernhardiner 男 -s/-
チャウチャウ	Chow-Chow 男 -s/-s
コリー	Collie 男 -s/-s
ダックスフント	Dackel 男 -s/-
ダルメシアン	Dalmatiner 男 -s/-
グレートデーン	deutsche Dogge 女
ドーベルマン	Dobermann 男 -s/...männer

— 177 —

11. 生物と地誌

ブルドッグ	Bulldogge 女 -/-n
パグ	Mops 男 -es/Möpse
プードル	Pudel 男 -s/-
シェパード	Schäferhund 男 -(e)s/-e
テリア	Terrier 男 -s/-
足(動物の)	Pfote 女 -/-n
前足	Vorderpfote 女 -/-n
後ろ足	Hinterpfote 女 -/-n
猫	Katze 女 -/-n
	Kater 男 -s/-
ヒゲ(猫等の)	Schnurrhaar 中 -(e)s/-e
アンゴラ猫	Angorakatze 女 -/-n
ペルシャ猫	Perserkatze 女 -/-n
シャム猫	Siamkatze 女 -/-n
三毛猫	gescheckte Katze 女
トラ猫	getigerte Katze 女

② 植物

植物	Pflanze 女 -/-n
植物園	botanischer Garten 男
高山植物	Alpenpflanze 女 -/-n ＜ふつう複数で＞
熱帯植物	Tropenpflanze 女 -/-n
熱帯雨林	Regenwald 男 -(e)s/...wälder
森	Wald 男 -(e)s/Wälder
林	Wäldchen 中 -s/-
密林・ジャングル	Dschungel 男 (中) -s/-
原生林	Urwald 男 -(e)s/...wälder
木	Baum 男 -(e)s/Bäume
常緑樹	immergrüner Baum 男
広葉樹	Laubbaum 男 -(e)s/...bäume
針葉樹	Nadelbaum 男 -(e)s/...bäume

11. 生物と地誌

木材	Holz 中 -es/-
幹	Stamm 男 -(e)s/Stämme
切り株	Baumstumpf 男 -(e)s/...stümpfe
樹皮	Rinde 女 -/-n
根	Wurzel 女 -/-n
枝	Zweig 男 -(e)s/-e
	Ast 男 -(e)s/Äste
葉	Blatt 中 -(e)s/Blätter
松	Kiefer 女 -/-n
松かさ	Kiefernzapfen 男 -s/-
カラマツ	Lärche 女 -/-n
ハイマツ	Zwergkiefer 女 -/-n
スギ・ヒマラヤ杉	Zeder 女 -/-n
トチ	Rosskastanie 女 -/-n
モミ	Tanne 女 -/-n
クリスマスツリー	Weihnachtsbaum 男 -(e)s/...bäume
ニレ	Ulme 女 -/-n
オーク・カシワ・ナラ	Eiche 女 -/-n
ドングリ	Eichel 女 -/-n
ハンノキ	Erle 女 -/-n
トネリコ	Esche 女 -/-n
イチイ	Eibe 女 -/-n
トウヒ	Fichte 女 -/-n
ビャクシン	Wacholder 男 -s/-
糸杉	Zypresse 女 -/-n
ブナ	Buche 女 -/-n
シナノキ・菩提樹	Linde 女 -/-n
ミズキ	Hartriegel 男 -s/-
白樺	Birke 女 -/-n
ポプラ	Pappel 女 -/-n
イチョウ	Ginkgo 男 -s/-s

11. 生物と地誌

カエデ・モミジ	Ahorn 男 -s/-e
プラタナス・スズカケ	Platane 女 -/-n
月桂樹・ローリエ	Lorbeer 男 -s/-en
ハシバミ	Haselnussstrauch 男 -(e)s/...sträucher
ニワトコ	Holunder 男 -s/-
ヤナギ	Weide 女 -/-n
ネコヤナギ	Salweide 女 -/-n
リラ・ライラック	Flieder 男 -s/-
モクレン	Magnolie 女 -/-n
ナナカマド	Eberesche 女 -/-n
ツバキ	Kamelie 女 -/-n
ヤドリギ	Mistel 女 -/-n
ツタ	Efeu 男 -s/
ヒイラギ	Stechpalme 女 -/-n
サンザシ	Weißdorn 男 -(e)s/-e
やぶ・茂み	Strauch 男 -(e)s/Sträucher
	Busch 男 -(e)s/Büsche
キノコ	Pilz 男 -es/-e
マッシュルーム	Champignon 男 -s/-s
キクラゲ	Judasohr 中 -(e)s/-en
カラカサタケ	Parasolpilz 男 -es/-e
ヒラタケ	Seitling 男 -s/-e
トリュフ	Trüffel 女 -/-n (口語で：男 -s/-)
毒キノコ	Giftpilz 男 -es/-e
果樹	Obstbaum 男 -(e)s/...bäume
果樹園	Obstgarten 男 -s/...gärten
サクラ	Kirschbaum 男 -(e)s/...bäume
ウメ	Pflaumenbaum 男 -(e)s/...bäume
オリーブ	Olivenbaum 男 -(e)s/...bäume
クルミ	Nussbaum 男 -s/...bäume
ブドウ	Rebe 女 -/-n

11. 生物と地誌

クリ・マロニエ	Esskastanie 女 -/-n
ヤシ・シュロ	Palme 女 -/-n
ココヤシ	Kokospalme 女 -/-n
竹	Bambus 男 -ses, -/-se
タケノコ	Bambusspross 男 -es/-en ＜ふつう複数で＞
花	Blume 女 -/-n
	Blüte 女 -/-n
花びら	Blütenblatt 中 -(e)s/...blätter
花粉	Blütenstaub 男 -(e)s/-e, ...stäube
	Pollen 男 -s/-
つぼみ	Knospe 女 -/-n
球根	Zwiebel 女 -/-n
芽	Keim 男 -(e)s/-e
茎	Stängel 男 -s/-
	Halm 男 -(e)s/-e
棘	Stachel 男 -s/-n
	Dorn 男 -(e)s/-en
種子・種	Samen 男 -s/-
	Kern 男 -(e)s/-e
種をまく	säen
草	Gras 中 -es/
雑草	Unkraut 中 -(e)s/
草花	Wiesenblume 女 -/-n
クローバー・シロツメクサ	Klee 男 -s/
タンポポ	Löwenzahn 男 -(e)s/
ツクシ	Ackerschachtelhalm 男 -(e)s/-e
キク	Chrysantheme 女 -/-n
ヒナギク・デイジー	Gänseblümchen 中 -s/-
	Tausendschönchen 中 -s/-
マーガレット	Margerite 女 -/-n
ケシ	Mohn 男 -(e)s/ (種類:-e)

11. 生物と地誌

ダリア	Dahlie 囡 -/-n
アザミ	Distel 囡 -/-n
ゼラニウム	Geranie 囡 -/-n
グラジオラス	Gladiole 囡 -/-n
ケイトウ	Hahnenkamm 男 -(e)s/...kämme
アジサイ	Hortensie 囡 -/-n
ヒヤシンス	Hyazinthe 囡 -/-n
キキョウ	Glockenblume 囡 -/-n
クロッカス	Krokus 男 -/-, -se
水仙	Narzisse 囡 -/-n
スズラン	Maiglöckchen 囲 -s/-
スミレ	Veilchen 囲 -s/-
三色スミレ・パンジー	Stiefmütterchen 囲 -s/-
スイートピー	Wicke 囡 -/-n
バラ	Rose 囡 -/-n
ヒマワリ	Sonnenblume 囡 -/-n
ユリ	Lilie 囡 -/-n
エーデルワイス	Edelweiß 囲 -(es)/-e
カーネーション	Nelke 囡 -/-n
チューリップ	Tulpe 囡 -/-n
シャクナゲ	Alpenrose 囡 -/-n
シクラメン	Alpenveilchen 囲 -s/-
アネモネ	Anemone 囡 -/-n
エリカ	Erika 囡 -/-s, ...ken
ラベンダー	Lavendel 男 -s/-
スノードロップ・マツユキソウ	Schneeglöckchen 囲 -s/-
ラン	Orchidee 囡 -/-n
睡蓮	Seerose 囡 -/-n
アヤメ	Schwertlilie 囡 -/-n
	Iris 囡 -/-
コケ	Moos 囲 -es/

— 182 —

葦・ヨシ	Schilfrohr 中 -(e)s/-e
海草	Seegras 中 -es/
藻	Alge 女 -/-n
	Seetang 男 -(e)s/-e

③　魚類

魚	Fisch 男 -(e)s/-e
イワシ	Sardine 女 -/-n
アンチョビー	Sardelle 女 -/-n
サケ	Lachs 男 -es/-e
サバ	Makrele 女 -/-n
マグロ・ツナ	Thunfisch 男 -(e)s/-e
サメ・フカ	Hai 男 -(e)s/-e
エイ	Rochen 男 -s/-
ヒラメ	Steinbutt 男 -(e)s/-e
舌平目	Seezunge 女 -/-n
カレイ	Flunder 女 -/-n
	Plattfisch 男 -(e)s/-e
スズキ	Barsch 男 -(e)s/-e
タイ	Meerbrasse 女 -/-n
	Meerbrassen 男 -s/-
タラ	Kabeljau 男 -s/-e, -s
	Dorsch 男 -(e)s/-e
ニシン	Hering 男 -s/-e
アンコウ	Anglerfisch 男 -(e)s/-e
	Seeteufel 男 -s/-
トビウオ	fliegender Fisch 男
チョウザメ	Stör 男 -(e)s/-e
淡水魚	Süßwasserfisch 男 -(e)s/-e
鯉	Karpfen 男 -s/-
フナ	Karausche 女 -/-n
ドジョウ	Schmerle 女 -/-n

11. 生物と地誌

ナマズ	Wels 男 -es/-e
マス・ヤマメ	Forelle 女 -/-n
カワカマス	Hecht 男 -(e)s/-e
イワナ	Saibling 男 -s/-e
カジカ	Groppe 女 -/-n
ウナギ	Aal 男 -(e)s/-e
ハゼ	Grundel (Gründel) 女 -/-n (男 -s/-)
金魚	Goldfisch 男 -(e)s/-e
熱帯魚	Zierfisch 男 -(e)s/-e
甲殻類	Schalentier 中 -(e)s/-e ＜ふつう複数で＞
カニ	Krabbe 女 -/-n
エビ・ザリガニ	Krebs 男 -es/-e
ロブスター	Hummer 男 -s/-
伊勢エビ	Languste 女 -/-n
小エビ	Garnele 女 -/-n
オキアミ	Krill 男 -(e)s/-e
ヤドカリ	Einsiedlerkrebs 男 -es/-e
イカ	Tintenfisch 男 -(e)s/-e
タコ	Krake 男 -n/-n
クラゲ	Qualle 女 -/-n
貝	Muschel 女 -/-n
アワビ	Seeohr 中 -(e)s/-en
牡蛎	Auster 女 -/-n
帆立貝	Jakobsmuschel 女 -/-n
ムール貝	Miesmuschel 女 -/-n
真珠貝	Perlmuschel 女 -/-n
ウニ	Seeigel 男 -s/-
ナマコ	Seegurke 女 -/-n
イソギンチャク	Seeanemone 女 -/-n
ヒトデ	Seestern 男 -(e)s/-e

11. 生物と地誌

タツノオトシゴ	Seepferdchen 中 -s/-
水槽・水族館	Aquarium 中 -s/...rien

④ 鳥

鳥	Vogel 男 -s/Vögel
ひな・ヒヨコ	Küken 中 -s/-
くちばし	Schnabel 男 -s/Schnäbel
翼	Flügel 男 -s/-
羽根	Feder 女 -s/-
かぎ爪	Kralle 女 -/-n
	Klaue 女 -/-n
卵	Ei 中 -(e)s/-er
卵を産む	Eier legen
卵をかえす	Eier aus|brüten
巣	Nest 中 -(e)s/-er
鳥かご	Vogelkäfig 男 -s/-e
鶏	Huhn 中 -(e)s/Hühner
雌鶏	Henne 女 -/-n
雄鶏	Hahn 男 -(e)s/Hähne
アヒル・カモ	Ente 女 -/-n
ガチョウ	Gans 女 -/Gänse
七面鳥	Truthahn 男 -(e)s/...hähne
	Pute 女 -/-n
小鳥	Vögelchen 中 -s/-
スズメ	Sperling 男 -s/-e
	Spatz 男 -en (-es)/-en
ハト	Taube 女 -/-n
ヒバリ	Lerche 女 -/-n
シジュウカラ	Meise 女 -/-n
ホオジロ	Ammer 女 -/-n
ツバメ	Schwalbe 女 -/-n
ツグミ	Drossel 女 -/-n

11. 生物と地誌

クロウタドリ	Amsel 女 -/-n
ジョウビタキ	Rotschwanz 男 -es/...schwänze
タゲリ	Kiebitz 男 -es/-e
ミソサザイ	Zaunkönig 男 -s/-e
ウグイス	japanische Nachtigall 女
ナイチンゲール	Nachtigall 女 -/-en
カッコウ	Kuckuck 男 -s/-e
カワセミ	Eisvogel 男 -s/...vögel
カササギ	Elster 女 -/-n
カナリア	Kanarienvogel 男 -s/...vögel
オウム	Papagei 男 -en, -s/-en (-e)
カラス	Rabe 男 -n/-n
フクロウ	Eule 女 -/-n
ミミズク	Uhu 男 -s/-s
キジ	Fasan 男 -(e)s/-e, -en
ウズラ	Wachtel 女 -/-n
キツツキ	Specht 男 -(e)s/-e
コウノトリ	Storch 男 -(e)s/Störche
ツル	Kranich 男 -s/-e
クジャク	Pfau 男 -(e)s/-en ＜オーストリア：-en/-e＞
ダチョウ	Strauß 男 -es/-e
水鳥	Wasservogel 男 -s/...vögel
ガン	Wildgans 女 -/...gänse
白鳥	Schwan 男 -(e)s/Schwäne
カモメ	Möwe 女 -/-n
ペンギン	Pinguin 男 -s/-e
ペリカン	Pelikan 男 -s/-e
アホウドリ	Albatros 男 -/-se
猛禽	Greifvogel 男 -s/...vögel
ワシ	Adler 男 -s/-
タカ・ハヤブサ	Falke 男 -n/-n

— 186 —

11. 生物と地誌

ハゲタカ	Geier 男 -s/-
オオタカ	Habicht 男 -s/-e
トビ	Milan 男 -s/-e
渡り鳥	Zugvogel 男 -s/...vögel

⑤ 虫

虫	Wurm 男 -(e)s/Würmer
昆虫	Insekt 中 -s/-en
触角	Fühler 男 -s/-
単眼	Punktauge 中 -s/-n
複眼	Facettenauge 中 -s/-n
幼虫	Larve 女 -/-n
繭	Kokon 男 -s/-s
さなぎ	Puppe 女 -/-n
毛虫・芋虫	Raupe 女 -/-n
成虫	Imago 女 -/...gines
害虫	Schädling 男 -s/-e
益虫	Nützling 男 -s/-e
ノミ	Floh 男 -(e)s/Flöhe
シラミ	Laus 女 -/Läuse
蚊	Mücke 女 -/-n
ハエ	Fliege 女 -/-n
ゴキブリ	Kakerlak 男 -s, -en/-en
	Küchenschabe 女 -/-n
アリ	Ameise 女 -/-n
クワガタ	Hirschkäfer 男 -s/-
カブトムシ	Nashornkäfer 男 -s/-
コガネムシ	Maikäfer 男 -s/-
テントウムシ	Marienkäfer 男 -s/-
チョウ	Schmetterling 男 -s/-e
トンボ	Libelle 女 -/-n
セミ	Zikade 女 -/-n

11. 生物と地誌

カマキリ	Gottesanbeterin 囡 -/-nen
蛾	Motte 囡 -/-n
蚕	Seidenraupe 囡 -/-n
ミツバチ	Biene 囡 -/-n
スズメバチ	Wespe 囡 -/-n
	Hornisse 囡 -/-n
サソリ	Skorpion 男 -s/-e
バッタ・イナゴ	Heuschrecke 囡 -/-n
コオロギ	Grille 囡 -/-n
クモ	Spinne 囡 -/-n
蜘蛛の巣	Spinnennetz 囲 -es/-e
ミミズ	Regenwurm 男 -(e)s/...würmer

(2) 地誌

① 天体

天体	Himmelskörper 男 -s/-
天文台	Sternwarte 囡 -/-n
プラネタリウム	Planetarium 囲 -s/...rien
天・空	Himmel 男 -s/
天の川・銀河	Milchstraße 囡 -/
銀河系	Milchstraßensystem 囲 -s/
	Galaxis 囡 -/
星	Stern 男 -(e)s/-e
惑星	Planet 男 -en/-en
衛星・人工衛星	Satellit 男 -en/-en
彗星	Komet 男 -en/-en
流星	Sternschnuppe 囡 -/-n
太陽	Sonne 囡 -/
地球	Erde 囡 -/
大気圏	Atmosphäre 囡 -/-n

11. 生物と地誌

宇宙	Weltraum 男 -(e)s/
	Kosmos 男 -/
	Universum 中 -s/
宇宙開発	Weltraumforschung 女 -/
宇宙船	Raumschiff 中 -(e)s/-e
スペースシャトル	Raumfähre 女 -/-n
宇宙飛行士	Astronaut 男 -en/-en
宇宙服	Raumanzug 男 -(e)s/...züge
無重力	Schwerelosigkeit 女 -/
力	Kraft 女 -/Kräfte
引力	Anziehungskraft 女 -/
重力	Schwerkraft 女 -/
	Gravitation 女 -/
圧力	Druck 男 -(e)s/Drücke
真空	Vakuum 中 -s/...kua, ...kuen
月	Mond 男 -(e)s/
満月	Vollmond 男 -(e)s/
三日月	Mondsichel 女 -/-n
日食	Sonnenfinsternis 女 -/-se
月食	Mondfinsternis 女 -/-se
水星	Merkur 男 -s/
金星	Venus 女 -/
火星	Mars 男 -/
木星	Jupiter 男 -s/
土星	Saturn 男 -s/
宵の明星	Abendstern 男 -(e)s/-e
星座	Sternbild 中 -(e)s/-er
アンドロメダ座	Andromeda 女 -/
カシオペア座	Kassiopeia 女 -/
小熊座	der Kleine Wagen 男
北極星	Polarstern 男 -(e)s/
大熊座	der Große Wagen 男

11. 生物と地誌

オリオン座	Orion 男 -(s)/
黄道十二宮	Tierkreis 男 -es/
牡羊座	Widder 男 -s/
牡牛座	Stier 男 -(e)s/
双子座	Zwillinge 複
蟹座	Krebs 男 -es/
獅子座	Löwe 男 -n/
乙女座	Jungfrau 女 -/
天秤座	Waage 女 -/
蠍座	Skorpion 男 -s/
射手座	Schütze 男 -n/
山羊座	Steinbock 男 -(e)s/
水瓶座	Wassermann 男 -(e)s/
魚座	Fische 複
占星術	Astrologie 女 -/

② 山岳・海洋・河川・鉱物

北半球	nördliche Halbkugel 女
南半球	südliche Halbkugel 女
緯度	Breitengrad 男 -(e)s/-e
経度	Längengrad 男 -(e)s/-e
地軸	Erdachse 女 -/
赤道	Äquator 男 -s/
北回帰線	nördlicher Wendekreis 男
南回帰線	südlicher Wendekreis 男
北極	Nordpol 男 -s/
南極	Südpol 男 -s/
子午線	Meridian 男 -s/-e
日付変更線	DatumsgrenzeS 女 -/
東	Osten 男 -s/ ＜冠詞なしで＞
西	Westen 男 -s/ ＜冠詞なしで＞
南	Süden 男 -s/ ＜冠詞なしで＞

11. 生物と地誌

北	Norden 男 -s/ ＜冠詞なしで＞
陸地	Land 中 -(e)s/
	Festland 中 -(e)s/
大陸	Kontinent 男 -(e)s/-e
地平線・水平線	Horizont 男 -(e)s/-e
海	Meer 中 -(e)s/-e
大洋・海洋	Ozean 男 -s/-e
太平洋	Pazifik 男 -s/
	der Stille Ozean 男
大西洋	Atlantik 男 -s/
インド洋	Indik 男 -s/
地中海	Mittelmeer 中 -(e)s/
	das Mittelländische Meer 中
北極地方	Nordpolargebiet 中 -(e)s/
南極地方	Antarktis 女 -/
北海	Nordsee 女 -/
バルト海	Ostsee 女 -/
日本海	das Japanische Meer 中
オホーツク海	das Ochotskische Meer 中
湾	Bucht 女 -/-en
	Golf 男 -(e)s/-e
港	Hafen 男 -s/Häfen
桟橋	Landungsbrücke 女 -/-n
海岸	Küste 女 -/-n
浜	Strand 男 -(e)s/Strände
砂丘	Düne 女 -/-n
断崖・絶壁	Kliff 中 -(e)s/-e
	Klippe 女 -/-n
海面	Meeresspiegel 男 -s/-
海抜	〜 Meter über dem Meeresspiegel
海底	Meeresboden 男 -s/...böden
地溝	Graben 男 -s/Gräben

11. 生物と地誌

大陸棚	Festlandsockel 男 -s/-
環礁	Atoll 申 -s/-e
海水	Meerwasser 申 -s/
海流	Meeresströmung 女 -/-en
暖流	warme Meeresströmung 女
寒流	kalte Meeresströmung 女
干潮	Ebbe 女 -/-n
満潮	Flut 女 -/-en
潮	Gezeit 女 -/-en ＜ふつう複数で＞
凪	Windstille 女 -/
波	Welle 女 -/-n
津波	Flutwelle 女 -/-n
島	Insel 女 -/-n
列島	Inselkette 女 -/-n
半島	Halbinsel 女 -/-n
岬	Kap 申 -s/-s
海峡	Meerenge 女 -/-n
	Meeresstraße 女 -/-n
運河	Kanal 男 -s/Kanäle
川	Fluss 男 -es/Flüsse
	Strom 男 -(e)s/Ströme
小川	Bach 男 -(e)s/Bäche
流域	Einzugsgebiet 申 -(e)s/-e
支流	Nebenfluss 男 -es/...flüsse
流れ	Strömung 女 -/-en
下流	Unterlauf 男 -(e)s/...läufe
上流	Oberlauf 男 -(e)s/...läufe
河口	Mündung 女 -/-en
砂州	Sandbank 女 -/...bänke
三角州・デルタ	Delta 申 -s/-s, ...ten
川岸	Flussufer 申 -s/-
橋	Brücke 女 -/-n

11. 生物と地誌

吊り橋	Hängebrücke 女 -/-n
土手・堤防	Deich 男 -(e)s/-e
	Damm 男 -(e)s/Dämme
洪水	Überschwemmung 女 -/-en
	Hochwasser 中 -s/
泉	Quelle 女 -/-n
滝	Wasserfall 男 -(e)s/...fälle
池	Teich 男 -(e)s/-e
	Weiher 男 -s/-e
沼・湿地	Sumpf 男 -(e)s/Sümpfe
湖	See 男 -s/-n
貯水池	Stausee 男 -s/-n
ダム	Damm 男 -(e)s/Dämme
平野・台地	Ebene 女 -/-n
サバンナ	Savanne 女 -/-n
ステップ	Steppe 女 -/-n
ツンドラ	Tundra 女 -/...ren
荒野	Heide 女 -/-n
砂漠	Wüste 女 -/-n
高地・高原	Hochebene 女 -/-n
	Hochland 中 -(e)s/...länder, -e
山	Berg 男 -(e)s/-e
山地	Gebirge 中 -s/-
山脈	Bergkette 女 -/-n
頂上	Gipfel 男 -s/-
火山	Vulkan 男 -s/-e
地殻	Erdkruste 女 -/
マグマ	Magma 中 -s/Magmen
溶岩	Lava 女 -/Laven
地震	Erdbeben 中 -s/-
谷	Tal 中 -(e)s/Täler
盆地	Kessel 男 -s/-

11. 生物と地誌

丘	Hügel 男 -s/-
峠	Pass 男 -es/Pässe
斜面	Abhang 男 -(e)s/...hänge
岩壁	Felswand 女 -/...wände
岩場	Geröllhalde 女 -/-n
洞窟	Höhle 女 -/-n
鍾乳洞	Tropfsteinhöhle 女 -/-n
氷河	Gletscher 男 -s/-
万年雪	ewiges Eis 中
クレバス	Gletscherspalte 女 -/-n
氷山	Eisberg 男 -(e)s/-e
フィヨルド	Fjord 男 -(e)s/-e
鉱物	Mineral 中 -s/-e, -ien
鉱石	Erz 中 -es/-e
岩石	Gestein 中 -(e)s/-e
石灰岩	Kalkstein 男 -(e)s/-e
大理石	Marmor 男 -s/-e
砂岩	Sandstein 男 -(e)s/-e
石	Stein 男 -(e)s/-e
粘土	Ton 男 -(e)s/ (種類：-e)
	Lehm 男 -(e)s/ (種類：-e)
泥	Schlamm 男 -(e)s/-e, Schlämme
磁石	Magnet 男 -en, -(e)s/-e (-en)
磁気	Magnetismus 男 -/
金属	Metall 中 -s/-e
金	Gold 中 -(e)s/
砂金	Goldstaub 男 -(e)s/-e, ...stäube
銀	Silber 中 -s/
銅	Kupfer 中 -s/
鉛	Blei 中 -(e)s/
鉄	Eisen 中 -s/
アルミニウム	Aluminium 中 -s/

11. 生物と地誌

水銀	Quecksilber 中 -s/
ウラン	Uran 中 -s/
放射性物質	radioaktive Stoffe 複
プルトニウム	Plutonium 中 -s/

③ 気象・気候

気象・天気・天候	Wetter 中 -s/
気象学	Meteorologie 女 -/
気象台・測候所	Wetterwarte 女 -/-n
	Wetterstation 女 -/-en
気象学者	Meteorologe 男 -n/-n
天気図	Wetterkarte 女 -/-n
天気予報	Wetterbericht 男 -(e)s/-e
	Wettervorhersage 女 -/-n
気候	Klima 中 -s/-s (-te)
熱帯気候	tropisches Klima 中
亜熱帯気候	subtropisches Klima 中
地中海性気候	mediterranes Klima 中
温暖気候	gemäßigtes Klima 中
大陸性気候	kontinentales Klima 中
亜寒帯気候	subpolares Klima 中
寒帯気候	polares Klima 中
気圧	Luftdruck 男 -(e)s/
高気圧	Hochdruck 男 -(e)s/
低気圧	Tiefdruck 男 -(e)s/
気圧計	Barometer 中(男) -s/-
大気	Luft 女 -/Lüfte ＜ふつう単数で＞
	Atmosphäre 女 -/-n
気流	Luftstrom 男 -(e)s/...ströme
気団	Luftmasse 女 -/-n ＜ふつう複数で＞
前線	Front 女 -/-en

11. 生物と地誌

寒冷前線	Kaltfront 女 -/-en
温暖前線	Warmfront 女 -/-en
気温	Temperatur 女 -/-en
温度計	Thermometer 中 (オーストリア・スイス: 男) -s/-
摂氏	Celsius
摂氏20度	20℃ (zwanzig Grad Celsius)
華氏	Fahrenheit
夏日	Sommertag 男 -(e)s/-e
冬日	Frosttag 男 -(e)s/-e
真冬日	Eistag 男 -(e)s/-e
湿度計	Hygrometer 中 S -s/-
湿度・湿気	Feuchtigkeit 女 -/
	Luftfeuchtigkeit 女 -/
湿った	feucht
乾燥した	trocken
晴れた	heiter
青空	blauer Himmel 男
小春日和	Altweibersommer 男 -s/-
曇った	bewölkt
	bedeckt
雲	Wolke 女 -/-n
雨	Regen 男 -s/- <複数まれ>
多雨の	regnerisch
雨が降る。	Es regnet.
降水量	Niederschlagsmenge 女 -/-n
にわか雨	Regenschauer 男 -s/-
雷雨	Gewitter 中 -s/-
霧	Nebel 男 -s/-
もや・霞	Dunst 男 -(e)s/Dünste
虹	Regenbogen 男 -s/- (南ドイツ・オーストリア: ...bögen)

― 196 ―

11. 生物と地誌

雪	Schnee 男 -s/
雪が降る。	Es schneit.
雪の結晶	Schneekristall 男 -s/-e
雪片	Schneeflocke 女 -/-n ＜ふつう複数で＞
吹雪	Schneegestöber 中 -s/-
雪崩	Lawine 女 -/-n
雹・霰	Hagel 男 -s/- ＜複数まれ＞
霰が降る。	Es hagelt.
霜	Reif 男 -(e)s/
風	Wind 男 -(e)s/-e
突風	Windstoß 男 -es/...stöße
風力	Windstärke 女 -/
風向き	Windrichtung 女 -/-en
台風	Taifun 男 -s/-e
ハリケーン	Hurrikan 男 -s/-e, -s
季節風・モンスーン	Monsun 男 -s/-e
竜巻	Windhose 女 -/-n
	Trombe 女 -/-n
雷・雷鳴	Donner 男 -s/- ＜複数まれ＞
雷が鳴る	Es donnert.
稲妻	Blitz 男 -es/-e

<u>会話パターン 27</u>

A：Wie wird das Wetter heute？ Hast du den Wetterbericht gehört？
B：Ja．Man sagt, es wird am späten Nachmittag regnen.
A：O nein, ich habe keinen Schirm mitgebracht.
B：Aber der Wetterbericht stimmt auch nicht immer. Normalerweise regnet es hier in dieser Jahreszeit selten.
A：Das stimmt．Mal sehen.

11. 生物と地誌

B：Wenn es doch regnet, kannst du einen Schirm von mir benutzen. Ich habe nämlich zwei.

A：今日の天気はどうなるんだろう。天気予報きいた？
B：うん，午後遅くに雨が降るって言ってた。
A：そんな，傘持ってきてないよ。
B：でも，天気予報もいつも当たるわけじゃないし。普段ここではこの季節，雨はほとんど降らないからね。
A：そうだよね。様子を見よう。
B：それでも雨が降ったら，僕の傘使っていいよ。2本持ってるから。

④ 環境問題

環境破壊	Umweltverschmutzung 囡 -/-en ＜複数まれ＞
環境保護	Umweltschutz 男 -es/
世界文化遺産	Weltkulturerbe 囲 -s/
環境にやさしい	umweltfreundlich
エコロジー	Ökologie 囡 -/
食物連鎖	Nahrungskette 囡 -/-n
動物愛護	Tierschutz 男 -es/
ビオトープ	Biotop 男・囲 -s/-e
大気汚染	Luftverschmutzung 囡 -/-en
排気ガス	Abgas 囲 -es/-e ＜ふつう複数で＞
ダイオキシン	Dioxin 囲 -s/
温室効果	Treibhauseffekt 男 -(e)s/
オゾンホール	Ozonloch 囲 -(e)s/...löcher
排水	Abwasser 囲 -s/...wässer
ゴミの分別	Mülltrennung 囡 -/-en
生ゴミ	Biomüll 男 -s/
コンポスト	Kompost 男 -(e)s/-e
粗大ゴミ	Sperrmüll 男 -s/

11. 生物と地誌

リサイクル	Recycling 中 -s/
リサイクルする	recyceln
使い捨てびん	Einwegflasche 女 -/-n
リターナブルびん	Mehrwegflasche 女 -/-n
古紙	Altpapier 中 -s/
再生紙	Recyclingpapier 中 -s/
包装材	Verpackung 女 -/-en
エネルギー	Energie 女 -/-n
省エネルギー	Energiesparen 中 -s/
電気	Elektrizität 女 -/
天然ガス	Erdgas 中 -es/
石油	Erdöl 中 -(e)s/
原子力	Atomenergie 女 -/
太陽エネルギー	Solarenergie 女 -/
風力エネルギー	Windenergie 女 -/

<u>会話パターン 28</u>

A：Ich habe gehört, dass man in Deutschland sehr umweltbewusst ist.
B：Ja, das stimmt. Es wird viel gemacht, um eine Umweltverschmutzung möglichst zu vermeiden.
A：In Japan ist das Umweltbewusstsein nicht so stark wie in Deutschland.
B：Das ist schade. Die Umwelt ist wichtig für unsere Kinder und Enkelkinder.
A：Aber hast du nicht manchmal das Gefühl, dass es alles so umständlich ist？
B：Na ja, vielleicht ab und zu. Aber man braucht nicht alles zu machen. Es ist wichtig, dass man tut, was man kann.

A：ドイツでは，環境に対する意識が高いってきいてるけど。

12. 四季，暦，祭り

B：うん，そうだね。環境汚染をできるだけ避けるために，いろんなことしてるよ。
A：日本では，ドイツほど環境を意識してないな。
B：それは残念だね。僕たちの子供や孫にとって環境は大事な問題だよ。
A：でもときどき，こんなことみんな面倒だと思うことない？
B：そうだなあ，ときどきはね。でも全部のことをやる必要はないんだ。できることをするっていうのが大事なんだよ。

12. 四季，暦，祭り

季節	Jahreszeit 女 -/-en
四季	vier Jahreszeiten 複
春	Frühling 男 -s/-e
夏	Sommer 男 -s/-
秋	Herbst 男 -(e)s/-e
冬	Winter 男 -s/-
春分	Frühlingsanfang 男 -(e)s/...fänge
秋分	Herbstanfang 男 -(e)s/...fänge
夏至	Sommersonnenwende 女 -/-n
冬至	Wintersonnenwende 女 -/-n
年	Jahr 中 -(e)s/-e
毎年	jedes Jahr 中
一年中	ganzes Jahr 中
今年	dieses Jahr 中
去年・昨年	letztes Jahr 中
二年前	vor zwei Jahren
来年	nächstes Jahr 中
二年後	nach zwei Jahren
暦・カレンダー	Kalender 男 -s/-
西暦	christliche Zeitrechnung 女
月	Monat 男 -(e)s/-e

12. 四季, 暦, 祭り

一月	Januar 男 -(s)/-e
二月	Februar 男 -(s)/-e
三月	März 男 -(es)/-e
四月	April 男 -(s)/-e
五月	Mai 男 -(e)s, -/-e
六月	Juni 男 -(s)/-s
七月	Juli 男 -(s)/-s
八月	August 男 -(e)s, -/-e
九月	September 男 -(s)/-
十月	Oktober 男 -(s)/-
十一月	November 男 -(s)/-
十二月	Dezember 男 -(s)/- ＜月名は複数まれ＞
今月	dieser Monat 男
先月	letzter Monat 男
来月	nächster Monat 男
週	Woche 女 -/-n
今週	diese Woche 女
先週	letzte Woche 女
来週	nächste Woche 女
来週の今日	heute in acht Tagen
各週	jede Woche 女
隔週	jede zweite Woche 女
	alle zwei Wochen
週二回	zweimal in der Woche
日	Tag 男 -(e)s/-e
今日	heute
昨日	gestern
一昨日	vorgestern
先日	neulich
	kürzlich
明日	morgen

― 201 ―

12. 四季, 暦, 祭り

明後日	übermorgen
曜日	Wochentag 男 -(e)s/-e
月曜日	Montag 男 -(e)s/-e
火曜日	Dienstag 男 -(e)s/-e
水曜日	Mittwoch 男 -(e)s/-e
木曜日	Donnerstag 男 -(e)s/-e
金曜日	Freitag 男 -(e)s/-e
土曜日	Samstag 男 -(e)s/-e
	Sonnabend 男 -s/-e
日曜日	Sonntag 男 -(e)s/-e
平日	Werktag 男 -(e)s/-e
	Wochentag 男 -(e)s/-e
週末	Wochenende 中 -s/-n
祝祭日・休日	Feiertag 男 -(e)s/-e
新年・元日・元旦	Neujahr 中 -(e)s/-e
三王来朝(1月6日)	Heilige Drei Könige 複 <無冠詞で>
謝肉祭・カーニバル	Karneval 男 -s/-e, -s
	Fastnacht 女 -/
	Fasching 男 -s/-e, -s
バラの月曜日	Rosenmontag 男 -(e)s/-e
灰の水曜日	Aschermittwoch 男 -(e)s/-e
聖金曜日・受難日	Karfreitag 男 -(e)s/-e
復活祭・イースター	Ostern 中 -/- <ふつう無冠詞で, 南部では複数>
メーデー(5月1日)	Maifeiertag 男 -(e)s/-e
母の日	Muttertag 男 -(e)s/-e
キリスト昇天祭	Christi Himmelfahrt 女 <無冠詞で>
聖霊降臨祭	Pfingsten 中 -/- <ふつう無冠詞で, 南部では複数>

12. 四季, 暦, 祭り

聖体祭	Fronleichnam 男 -(e)s/ <ふつう無冠詞で>
マリア被昇天祭(8月15日)	Mariä Himmelfahrt 女 <無冠詞で>
ドイツ統一記念日(10月3日)	Tag der Deutschen Einheit 男
宗教改革記念日(10月31日)	Reformationstag 男 -(e)s/-e
万聖節(11月1日)	Allerheiligen 中 -/ <ふつう無冠詞で>
国民哀悼の日	Volkstrauertag 男 -(e)s/-e
贖罪と祈りの日	Buß- und Bettag 男 -(e)s/-e
待降節	Advent 男 -(e)s/-e <複数まれ>
クリスマス	Weihnachten 中 -/- <ふつう無冠詞で, 南部では複数>
大晦日	Silvester 男・中 -s/-
グリニッチ標準時	Mitteleuropäische Zeit 女
夏時間	Sommerzeit 女 -/-en
時差	Zeitunterschied 男 -(e)s/-e
午前に	am Vormittag
	vormittags
午後に	am Nachmittag
	nachmittags
正午に	am Mittag
	mittags
真夜中に	um Mitternacht
昼に・日中に	am Tage
	tagsüber
夜に・晩に	am Abend
	abends
日の出	Sonnenaufgang 男 -(e)s/...gänge

12. 四季，暦，祭り

日の入り	Sonnenuntergang 男 -(e)s/...gänge
時間	Zeit 女 -/
秒	Sekunde 女 -/-n
分	Minute 女 -/-n
時間(単位としての)	Stunde 女 -/-n

<u>会話パターン 29</u>

A：Welchen Tag haben wir heute ?
B：Es ist Freitag.
A：Und welches Datum ?
B：Der 23.(=dreiundzwanzigste) Februar. Was ist ?
　　Hast du keinen Kalender dabei ?
A：Doch. Aber ich bin nicht sicher, wann genau der
　　Geburtstag meiner Mutter ist. Er muss an diesem
　　Wochenende sein.
B：Kannst du nicht deinen Vater fragen ?
A：Nein. Er hat mich gefragt.

A：今日は何曜日？
B：金曜日だよ。
A：日付は？
B：2月23日さ。どうしたの。カレンダー持ってないの？
A：あるよ。でも母の誕生日が正確にいつだったか確信もてないんだ。今週末のはずなんだけど。
B：君の父さんにはきけないの？
A：いや。父が僕にきいてきたんだ。

13. 国籍，国名，民族，言語

国	Land 中 -(e)s/Länder
	Staat 男 -(e)s/-en
国籍	Nationalität 女 -/-en
	Staatsangehörigkeit 女 -/
言語	Sprache 女 -/-n
アジア	Asien 地名 -s/
アジア人	Asiat 男 -en/-en
	Asiatin 女 -/-nen
日本	Japan -s/
日本人	Japaner 男 -s/-
	Japanerin 女 -/-nen
韓国・朝鮮	Korea -s/
朝鮮人	Koreaner 男 -s/- ＜女性形：-in＞
中国	China -s/
中国人	Chinese 男 -n/-n
	Chinesin 男 -/-nen
台湾	Taiwan -s/
台湾人	Taiwaner 男 -s/- ＜女性形：-in＞
	Taiwanese 男 -n/-n
	Taiwanesin 女 -/-nen
モンゴル	Mongolei 女 -/
モンゴル人	Mongole 男 -n/-n
	Mongolin 女 -/-nen
ベトナム	Vietnam -s/
ベトナム人	Vietnamese 男 -n/-n
	Vietnamesin 女 -/-nen
インドネシア	Indonesien -s/
インドネシア人	Indonesier 男 -s/- ＜女性形：-in＞

― 205 ―

13. 国籍, 国名, 民族, 言語

マレーシア	Malaysia -s/
マレーシア人	Malaysier 男 -s/- <女性形：-in>
シンガポール	Singapur -s/
シンガポール人	Singapurer 男 -s/- <女性形：-in>
タイ	Thailand -s/
タイ人	Thailänder 男 -s/- <女性形：-in>
	Thai 男 -(s)/-(s)
フィリピン	Philippinen 複
フィリピン人	Philippiner 男 -s/- <女性形：-in>
オセアニア	Ozeanien 地名 -s/
オーストラリア	Australien -s/
オーストラリア人	Australier 男 -s/- <女性形：-in>
ニュージーランド	Neuseeland -s/
ニュージーランド人	Neuseeländer 男 -s/- <女性形：-in>
インド	Indien -s/
インド人	Inder 男 -s/- <女性形：-in>
パキスタン	Pakistan -s/
パキスタン人	Pakistaner <女性形：-in>
	Pakistani 男 -(s)/-(s)
アフガニスタン	Afghanistan
アフガニスタン人	Afghane 男 -n/-n
	Afghanin 女 -/-nen
イラン	Iran 男 -s/
イラン人	Iraner 男 -s/- <女性形：-in>
イラク	Irak 男 -s/
イラク人	Iraker 男 -s/- <女性形：-in>

13. 国籍, 国名, 民族, 言語

アラビア	Arabien 地名 -s/
近東	Nahost 地名 -(e)s/ <無冠詞で> der Nahe Osten
サウジアラビア	Saudi-Arabien -s/
アラブ人	Araber 男 -s/- <女性形:-in>
シリア	Syrien -s/
シリア人	Syrer, Syrier 男 -s/- <女性形:-in>
レバノン	Libanon 男 -(s)/
レバノン人	Libanese 男 -n/-n
	Libanesin 女 -/-nen
ヨルダン	Jordanien -s/
ヨルダン人	Jordanier 男 -s/- <女性形:-in>
イスラエル	Israel -s/
イスラエル人	Israeli 男 -(s)/-(s), 女 -/-(s)
パレスチナ人	Palästinenser 男 -s/-
ヨーロッパ	Europa 地名 -s/
ヨーロッパ人	Europäer 男 -s/- <女性形:-in>
フランス	Frankreich -s/
フランス人	Franzose 男 -n/-n
	Französin 女 -/-nen
ドイツ	Deutschland -s/
ドイツ人	Deutsche 男・女 -n/-n <形容詞的変化>
オランダ	Niederlande 複
	Holland -s/
オランダ人	Niederländer 男 -s/- <女性形:-in>
	Holländer 男 -s/- <女性形:-in>

— 207 —

13. 国籍，国名，民族，言語

ベルギー	Belgien -s/
ベルギー人	Belgier 男 -s/- <女性形:-in>
スイス	Schweiz 女 -/
スイス人	Schweizer 男 -s/- <女性形:-in>
イギリス	England -s/
イギリス人	Engländer 男 -s/- <女性形:-in>
アイルランド	Irland -s/
アイルランド人	Ire 男 -n/-n
	Irin 女 -/-nen
スペイン	Spanien -s/
スペイン人	Spanier 男 -s/- <女性形:-in>
ポルトガル	Portugal -s/
ポルトガル人	Portugiese 男 -n/-n
	Portugiesin 女 -/-nen
イタリア	Italien -s/
イタリア人	Italiener 男 -s/- <女性形:-in>
ギリシャ	Griechenland -s/
ギリシャ人	Grieche 男 -n/-n
	Griechin 女 -/-nen
トルコ	Türkei 女 -/
トルコ人	Türke 男 -n/-n
	Türkin 女 -/-nen
オーストリア	Österreich -s/
オーストリア人	Österreicher 男 -s/- <女性形:-in>
ポーランド	Polen -s/
ポーランド人	Pole 男 -n/-n
	Polin 女 -/-nen
ハンガリー	Ungarn -s/
ハンガリー人	Ungar 男 -n/-n <女性形:-in>

13. 国籍，国名，民族，言語

チェコ	Tschechien -s/
チェコ人	Tscheche 男 -n/-n
	Tschechin 女 -/-nen
スロバキア	Slowakei 女 -/
スロバキア人	Slowake 男 -n/-n
	Slowakin 女 -/-nen
ブルガリア	Bulgarien -s/
ブルガリア人	Bulgare 男 -n/-n
	Bulgarin 女 -/-nen
ルーマニア	Rumänien -s/
ルーマニア人	Rumäne 男 -n/-n
	Rumänin 女 -/-nen
ノルウェー	Norwegen -s/
ノルウェー人	Norweger 男 -s/- ＜女性形：-in＞
スウェーデン	Schweden -s/
スウェーデン人	Schwede 男 -n/-n
	Schwedin 女 -/-nen
デンマーク	Dänemark -s/
デンマーク人	Däne 男 -n/-n
	Dänin 女 -/-nen
フィンランド	Finnland -s/
フィンランド人	Finne 男 -n/-n
	Finnin 女 -/-nen
ロシア	Russland -s/
ロシア人	Russe 男 -n/-n
	Russin 女 -/-nen
アフリカ	Afrika 地名 -s/
アフリカ人	Afrikaner 男 -s/- ＜女性形：-in＞
アルジェリア	Algerien -s/
アルジェリア人	Algerier 男 -s/- ＜女性形：-in＞

13. 国籍, 国名, 民族, 言語

モロッコ	Marokko -s/
モロッコ人	Marokkaner 男 -s/- <女性形:-in>
リビア	Libyen -s/
リビア人	Libyer 男 -s/- <女性形:-in>
エジプト	Ägypten -s/
エジプト人	Ägypter 男 -s/- <女性形:-in>
エチオピア	Äthiopien -s/
エチオピア人	Äthiopier 男 -s/- <女性形:-in>
スーダン	Sudan 男 -(s)/
スーダン人	Sudaner 男 -s/- <女性形:-in>
	Sudanese 男 -n/-n
	Sudanesin 女 -/-nen
コンゴ	Kongo 男 -s/
コンゴ人	Kongolese 男 -n/-n
	Kongolesin 男 -/-nen
タンザニア	Tansania -s/
タンザニア人	Tansanier 男 -s/- <女性形:-in>
セネガル	Senegal 男 -(s)/
セネガル人	Senegalese 男 -n/-n
	Senegalesin 女 -/-nen
ナイジェリア	Nigeria -s/
ナイジェリア人	Nigerianer 男 -s/- <女性形:-in>
南アフリカ	Südafrika -s/
南アフリカ人	Südafrikaner 男 -s/- <女性形:-in>
マダガスカル	Madagaskar -s/
マダガスカル人	Madagasse 男 -n/-n
	Madagassin 女 -/-nen

— 210 —

13. 国籍, 国名, 民族, 言語

アメリカ	Amerika -s/
	USA 複
アメリカ人	Amerikaner 男 -s/- ＜女性形：-in＞
カナダ	Kanada -s/
カナダ人	Kanadier 男 -s/- ＜女性形：-in＞
中米	Mittelamerika -s/
メキシコ	Mexiko -s/
メキシコ人	Mexikaner 男 -s/- ＜女性形：-in＞
キューバ	Kuba -s/
キューバ人	Kubaner 男 -s/- ＜女性形：-in＞
南米	Südamerika -s/
ラテンアメリカ	Lateinamerika -s/
コロンビア	Kolumbien -s/
コロンビア人	Kolumbianer 男 -s/- ＜女性形：-in＞
ブラジル	Brasilien -s/
ブラジル人	Brasilianer 男 -s/- ＜女性形：-in＞
アルゼンチン	Argentinien -s/
アルゼンチン人	Argentinier 男 -s/- ＜女性形：-in＞
ペルー	Peru -s/
ペルー人	Peruaner 男 -s/- ＜女性形：-in＞
チリ	Chile -s/
チリ人	Chilene 男 -n/-n
	Chilenin 女 -/-nen
イヌイット	Inuit 複
インディアン	Indianer 男 -s/- ＜女性形：-in＞
アイヌ	Ainu 男 -(s)/-(s)
アボリジニー	Aborigines 複

13. 国籍, 国名, 民族, 言語

日本語	Japanisch 甲 -(s)/ <定冠詞とともに；以下同様>
ハングル語	Koreanisch 甲 -(s)/
中国語	Chinesisch 甲 -(s)/
モンゴル語	Mongolisch 甲 -(s)/
ベトナム語	Vietnamesisch 甲 -(s)/
インドネシア語	Indonesisch 甲 -(s)/
タイ語	Thailändisch 甲 -(s)/
マレーシア語	Malaysisch 甲 -(s)/
ヒンズー語	Hindi 甲 -/
ウルドゥー語	Urdu 甲 -/
ペルシャ語	Persisch 甲 -(s)/
アラビア語	Arabisch 甲 -(s)/
フランス語	Französisch 甲 -(s)/
ドイツ語	Deutsch 甲 -(s)/
オランダ語	Niederländisch 甲 -(s)/
	Holländisch 甲 -(s)/
英語	Englisch 甲 -(s)/
スペイン語	Spanisch 甲 -(s)/
ポルトガル語	Portugiesisch 甲 -(s)/
イタリア語	Italienisch 甲 -(s)/
ラテン語	Lateinisch 甲 -(s)/
ギリシャ語	Griechisch 甲 -(s)/
トルコ語	Türkisch 甲 -(s)/
ポーランド語	Polnisch 甲 -(s)/
ハンガリー語	Ungarisch 甲 -(s)/
ノルウェー語	Norwegisch 甲 -(s)/
スウェーデン語	Schwedisch 甲 -(s)/
デンマーク語	Dänisch 甲 -(s)/
フィンランド語	Finnisch 甲 -(s)/
ロシア語	Russisch 甲 -(s)/
スワヒリ語	Suaheli 甲 -(s)/-(s)

会話パターン 30

A：Woher kommst du ?
B：Ich komme aus Japan.
A：Schön ! Wie sagt man "Ich mag dich. Warum magst du mich nicht ?" auf Japanisch ?
B：Was !?
A：Sag's mir einfach, bitte !
B：Warum willst du das wissen ?
A：Ich sammle diese Sätze in verschiedenen Sprachen.
B：Und wann benutzt du das ?
A：Das ist ein Geheimnis.

A：君どこからきたの？
B：日本からよ。
A：いいね。日本語で「私はあなたが好きです。どうしてあなたは私を好きじゃないの？」ってどういうの？
B：え!?
A：いいから言ってみて！
B：なんでそんなこと知りたいの？
A：この表現をいろんな言語で集めてるのさ。
B：それでそれいつ使うの？
A：それは秘密。

14. 数字と図形

計算	Rechnung 女 -/-en
計算する	rechnen
足し算	Addition 女 -/-en
引き算	Subtraktion 女 -/-en
かけ算	Multiplikation 女 -/-en
わり算	Division 女 -/-en

14. 数字と図形

分数	Bruch 男 -(e)s/Brüche
	Bruchzahl 女 -/-en
分母	Nenner 男 -s/-
分子	Zähler 男 -s/-
パーセント	Prozent 中 -/-
式	Formel 女 -/-n
平均	Durchschnitt 男 -(e)s/-e
比例	Verhältnis 中 -ses/-se
	Proportion 女 -/-en
反比例	reziprokes Verhältnis 中
方程式	Gleichung 女 -/-en
表	Tabelle 女 -/-n
グラフ	Diagramm 中 -s/-e
円	Kreis 男 -es/-e
楕円・長円	Ellipse 女 -/-n
三角形	Dreieck 中 -(e)s/-e (-en)
四角形	Viereck 中 -(e)s/-e (-en)
長方形	Rechteck 中 -(e)s/-e (-en)
ひし形	Rhombus 男 -/...ben
台形	Trapez 中 -es/-e
五角形	Fünfeck 中 -(e)s/-e (-en)
六角形	Sechseck 中 -(e)s/-e (-en)
平行な	parallel
垂直な	vertikal
	senkrecht
水平な	horizontal
	waagerecht
斜めの	diagonal
数	Zahl 女 -/-en
数字	Ziffer 女 -/-n
番号	Nummer 女 -/-n
基数	Kardinalzahl 女 -/-en

14. 数字と図形

0	null
1	eins
2	zwei
3	drei
4	vier
5	fünf
6	sechs
7	sieben
8	acht
9	neun
10	zehn
11	elf
12	zwölf
13	dreizehn
14	vierzehn
15	fünfzehn
16	sechzehn
17	siebzehn
18	achtzehn
19	neunzehn
20	zwanzig
21	einundzwanzig
22	zweiundzwanzig
23	dreiundzwanzig
24	vierundzwanzig
25	fünfundzwanzig
26	sechsundzwanzig
27	siebenundzwanzig
28	achtundzwanzig
29	neunundzwanzig
30	dreißig
40	vierzig

14. 数字と図形

50	fünfzig
60	sechzig
70	siebzig
80	achtzig
90	neunzig
100	(ein)hundert
101	hunderteins
258	zweihundertachtundfünfzig
1.000	(ein)tausend
1,000,000・百万	eine Million 女
1,000,000,000・十億	eine Milliarde 女
千	tausend
万	zehntausend
億	hundert Millionen
兆	Billion 女 -/-en
序数	Ordinalzahl 女 -/-en
1.	erst
2.	zweit
3.	dritt
4.	viert
5.	fünft
6.	sechst
7.	siebt
8.	acht
9.	neunt
10.	zehnt
11.	elft
12.	zwölft
13.	dreizehnt
14.	vierzehnt
15.	fünfzehnt
16.	sechzehnt

14. 数字と図形

17.	siebzehn
18.	achtzehn
19.	neunzehn
20.	zwanzigst
21.	einundzwanzigst
22.	zweiundzwanzigst
23.	dreiundzwanzigst
24.	vierundzwanzigst
...	
100.	hundertst
101.	hunderterst
258.	zweihundertachtundfünfzigst
1,000.	tausendst
1,000,000.	millionst
1,000,000,000.	milliardst

<u>会話パターン 31</u>

A：Wann sind Sie geboren？
B：Ich bin am 1. 8. 1975 (=ersten achten neunzehnhundertfünfundsiebzig) geboren.
A：Und wie groß sind Sie？
B：Ich bin 1,63 Meter(=ein Meter dreiundsechzig) groß.
A：Mit wie vielen Jahren möchten Sie heiraten？
B：Was für eine Frage ist das？
A：Ich weiß nicht．Es steht doch hier im Lehrbuch.
B：Ach, diese blöden Übungen！

A：あなたはいつ生まれましたか？
B：私は1975年8月1日に生まれました。
A：あなたの身長は？
B：1メートル63センチです。
A：何歳で結婚したいですか？

14. 数字と図形

B：何その質問？
A：知らない。教科書のここにのってるよ。
B：ヘンな練習問題！

索　引

索 引

あ

アーティチョーク 51
アーモンド 53
R&B 137
IR 94
IC 76, 94
ICE 94
アイシャドー 59
アイスクリーム 48
アイスダンス 132
アイスバーン 130
アイスホッケー 132
アイゼン 124
IT 75
アイヌ 211
合服 28
アイブローペンシル 59
アイライナー 59
アイルランド 208
アイロン 21, 72
アイロン台 21
アウトコース 132
アウトバーン 82
青い 32
青空 196
赤い 32
赤字 20
明かり 14
上る 12
明るい 32
赤ワイン 53
亜寒帯気候 195
赤ん坊 5

空き 112
秋 200
空き部屋あり 87
アクアマリン 62
アクセサリー 63
アクセサリーの店 81
アクセル 102
あくびをする 167
悪魔 7
揚げる 22
顎 162
アコーディオン 139
顎髭 162
あざ 161
アザミ 182
アザラシ 177
脚・足 159, 178
葦 183
味 37
アジア 205
アシカ 177
アジサイ 182
明日 201
足の裏 159
足の甲 159
足指 160
味わう 37
預かり証 97
預け入れ 92
アスパラガス 51
アスピリン 172
汗 163, 167
遊び場 26
温かい 38
アタッシュケース 66

アダプター 74
頭 160
あっさりした 38
圧力 189
圧力鍋 22
宛名 89
アドバンテージ 123
アトリエ 141
アナグマ 176
穴杓子 23
アナログ時計 64
兄 1
アニメーション映画 145
姉 1
亜熱帯気候 195
アネモネ 182
アノラック 30, 124
アパート 11
アバンギャルド 141
アヒル 185
アフガニスタン 206
アフターシェーブ 17
油 50
油絵 140
油絵具 141
脂っこい 38
アフリカ 209
あぶる 22
アフレコ 145
アペリティフ 40
アホウドリ 186
アボカド 53
アボリジニー 211
甘い 38

— 220 —

索 引

甘口 54
雨戸 13
天の川 188
網杓子 23
網棚 95
編み針 24
編み物 24, 113
雨 196
アメジスト 62
アメリカ 211
アメリカンフットボール 121
アヤメ 182
洗い桶 24
アラビア 207
アラビア語 212
あらびき穀粒パン 47
霰 197
アリ 187
アリア 137
アリクイ 175
アルコール飲料 40
アルジェリア 209
アルゼンチン 211
アルト 135
アルバム 114
アルペン競技 131
アルミニウム 194
アルミ箔 23
アレルギー 165
アワ 46
泡立て器 23
泡立てる 22
アワビ 184
アングラ劇 143
アンクレット 63
アンコウ 183
アンコール 136

アンゴラ猫 178
安産 171
暗室 115
アンズ 52
安静にする 163
安全剃刀 17
安全ピン 24
アンダーシャツ 33
アンチョビー 183
アンテナ 73
アンドロメダ座 189
案内所 97, 110
案内嬢 145
鞍馬 133
アンプ 74
安楽椅子 14

い

胃 162
EC 94
イースター 202
イーゼル 141
いいなずけ 5
医院 168
家 11
イエローカード 126
イカ 184
胃潰瘍 164
医学 155
医学博士 149
医学部 149
鋳型 142
碇 108
息 162
息継ぎ 129
〜行きの 96
イギリス 208
イグアナ 176

イグニッションキー 102
池 193
生け垣 117
生け花 113
囲碁 113
イコライザー 74
居酒屋 55
石 194
医師 168
石垣 117
石畳 82
遺失物保管所 97
医者 9, 168
衣裳 144
椅子 15
泉 193
イスラエル 207
イスラム教徒 7
伊勢エビ 184
イソギンチャク 184
磯釣り 116
イタチ 176
痛み 166
痛み止め 172
炒める 21
イタリア 208
イタリア語 212
1 215
イチイ 179
一月 201
イチゴ 52
イチゴジャム 47
イチジク 52
一年中 200
市場 80
イチョウ 179
一階 12

— 221 —

索 引

一階席 144
一ヶ月券 96
一軒家・一戸建て 11
一昨日 201
一週間券 96
一足の靴 35
一等 96
一等船室 108
一杯 48
一服 172
一方通行 83
射手座 190
糸 24
緯度 190
糸切り歯 162
従兄弟・従姉妹 2
糸杉 179
イナゴ 188
稲妻 197
犬 177
イヌイット 211
イノシシ 176
命 4
いびきをかく 107
衣服 28
イブニングドレス 28
いぼ 165
居間 14
妹 1
芋虫 187
イモリ 177
イヤホン 74
イヤリング 63
イラク 206
イラスト 140
イラン 206
衣料品 28
医療保険 169

煎る 22
イルカ 177
入れ歯 171
色 32
色鉛筆 156
イワシ 183
イワナ 184
岩場 194
陰画 115
印画紙 115
インク 156
インゲン豆 50
インコース 131
印刷 68
印刷する 77
印象派 141
インストラクター 130
インターチェンジ 82
インターネット 77
インタビュー 71
インディアン 211
インデックス 67
インド 206
インドアテニス 122
インドネシア 205
インドネシア語 212
インド洋 191
陰部 159
インフルエンザ 163
飲用の 37
引力 189

う

ウイキョウ 49
ウィスキー 54
ウィスキーソーダ 54
ウイルス 165

ウインカー 101
ウイング 125
ウインドウショッピングをする 57
ウインドサーフィン 121
ウインドブレーカー 30
ウインナソーセージ 45
ウール 31
ウェイター 40
ウェイトレス 40
植木ばさみ 118
植木鉢 117
ウエスト 159
ウエストバッグ・ウエストポーチ 67
ウェディングケーキ 6
ウェディングドレス 6
ウェディングブーケ 6
ウェデルン 130
ウェルダン 41
ウォークマン 74
魚座 190
ウォッカ 54
うがい薬 172
迂回道路 82
うがいをする 167
浮子 117
浮き彫り 141
浮輪 130
ウグイス 186
受け皿 45
受け付け 86

索 引

受取人 89
右舷 108
ウサギ 176
牛 177
後ろ足 178
薄い 37
ウズラ 186
内ポケット 31
打ち身 164
宇宙 189
宇宙開発 189
宇宙船 189
宇宙飛行士 189
宇宙服 189
腕 159
腕時計 64
腕輪 63
ウナギ 184
うなじ 162
ウニ 184
乳母車 27
馬 127, 177
海 191
膿 167
海釣り 116
ウメ 180
裏方 144
ウラン 195
売り切れ 147
売場 56
売る 56
ウルドゥー語 212
上着 29
運河 192
運賃 96
運転士 104
運転手 105
運転する 104

運動靴 35

え

エアコン 72
エアバス 111
エアポケット 112
エアログラム 88
エアロビクス 121
エイ 183
嬰 134
映画館 80, 145
映画鑑賞 113
映画祭 146
映画撮影所 146
映画雑誌 146
永久歯 161
営業時間 57
営業中 57
英語 212
英語学 155
泳者 129
エイズ 165
エイズ検査 169
衛星 188
ATM 92
英文学 155
泳法 129
栄養・栄養素 38
エース 116
エーデルワイス 182
駅 79, 96
益虫 187
駅長 97
えくぼ 161
エコノミークラス 110
エコロジー 198
餌 117

エジプト 210
エシャロット 51
SFX 146
SF小説 69
エスカレーター 12
エステティックサロン 60
枝 179
エチオピア 210
エチケット 37
エッジ 131
エッセー 69
エッチング 140
閲覧室 151
エネルギー 199
絵はがき 88
エビ 184
絵筆 141, 156
エプロン 24
絵本 69
エメラルド 62
襟 31
エリカ 182
襟首 162
LL教室 150
エレガントな 32
エレキギター 139
エレクトーン 139
エレベーター 86
円 93, 214
演技 144
遠距離電話 91
遠近法 140
遠近両用眼鏡 65
園芸 113, 117
演劇 142
演劇鑑賞 113
エンジニア 9

— 223 —

索引

遠視の 66
演習 153
演出・演出家 143
エンジン 103
エンジンオイル 103
演奏会 136
演奏する 135, 139
遠足 85
エンダイブ 51
延長コード 74
エンドウ豆 50
煙突 13
縁日 27
円盤投げ 128
鉛筆 155
鉛筆削り 157
燕尾服 28
演目 143

お

尾 177
甥 2
追い越し車線 83
追い越す 104
おいしい 37
王 26
王宮 85
応急手当 169
雄牛 177
王子 26
牡牛座 190
応接間 14
横断歩道 82
王妃 26
往復切符 96
往復はがき 88
オウム 186
大売り出し 57

OS 76
オオカミ 176
狼男 26
オーク 179
大熊座 189
オーケストラ 136
大さじ 22
オーストラリア 206
オーストリア 208
オーダーメードする 29
大太鼓 138
オオタカ 187
オーデコロン 60
大道具 144
大通り 82
オードトワレ 60
オートフォーカス 114
オードブル 40
オートマチック車 101
オートミール 47
オート麦 46
オーナー 56
オーバー 30
オーバーオール 30
オーバーラップ 146
オーブン 15
オープンカー 100
オープンサンド 42
オープン車両 95
オーボエ 138
大晦日 203
大麦 46
丘 194
お菓子 47
おかっぱ 61

オカリナ 138
小川 192
オキアミ 184
沖釣り 116
置き時計 64
億 216
オクターヴ 135
奥歯 162
オクラ 51
遅らせる 65
贈り物 56
オコジョ 176
おさげ 61
伯父・叔父 2
教える 151
おしめ 27
白粉 59
オセアニア 206
オゾンホール 198
お大事に 169
おたふく風邪 165
お玉杓子 23
オタマジャクシ 177
夫 1
オットセイ 177
おでこ 161
弟 1
男 3
男やもめ 2
一昨日 201
大人 5
乙女座 190
踊り場 12
お腹がすく 167
おなら 167
伯母・叔母 2
オパール 62
お化け屋敷 27

― 224 ―

索 引

牡羊座 190
オフサイド 126
オペラ 137
オホーツク海 191
おむつ 27
オムレツ 42
おもちゃ 26
おもちゃ屋 81
おもり 117
親 1, 116
親知らず 162
おやつ 37
親指 159
泳ぐ 129
オランウータン 175
オランダ 207
オランダ語 212
オリーブ 50, 180
オリーブオイル 50
オリオン座 190
折り返し・折り目 30
下りる 12, 123
オリンピック 119
オルガン 139
オレガノ 49
オレンジ 52
オレンジジュース 49
おろし金 23
おろす 92
音階 134
音楽 134, 154
音楽家 135
音楽鑑賞 113
オンザロック 54
温室効果 198
温暖気候 195
温暖前線 196
音程 135

温度計 196
雄鶏 185
女 3
音符 135

か

蚊 187
蛾 188
ガーゼ 173
カーソル 76
カーディガン 30
ガーデニング 113, 117
カーテン 14
カーテンレール 14
カード 157
カード占い 116
カードボックス 157
カートリッジ 156
ガードル 33
ガードレール 83
カーニバル 202
カーネーション 182
ガーネット 62
カーフェリー 107
カーペット 14
カーラジオ 102
ガーリック 49
カーリング 121
カール 61
ガールフレンド 2
階 12
貝 184
絵画 139
海外旅行 84
海岸 191
海峡 192
開業医 168

会計する 86
蚕 188
外国為替レート 93
外国語 154
外国郵便 89
骸骨 160
改札口 97
改札する 97
会社員 8
回診 169
海水 192
海水浴場 130
回数券 96
海草 183
回想録 69
快速列車 94
階段 12
害虫 187
懐中電灯 72
懐中時計 64
海底 191
改訂版 68
回転 131
回転速度計 102
ガイド 85
解答 152
外套 30
ガイドブック 70
海抜 191
怪物 26
外壁 12
海面 191
買い物かご 56
買い物袋 66
海洋 191
外来診療科 169
海流 192
街路 82

— 225 —

索 引

買う 56
ガウン 29
カウンター 110, 114
カウント 123
カエデ 180
カエル 176
顔 160
顔色 161
香り 38
画家 139
画架 141
価格 57
化学 155
化学繊維 31
踵 36, 159
鏡 16
かかりつけの医者 168
柿 52
牡蠣 184
鍵 13
夏期講習 152
嗅ぎタバコ 78
かぎ爪 185
書留・書留料金 89
書取り 152
垣根 117
鉤針 24
かき混ぜる 22
書き物机 16
下級生 151
書き割り 144
家具 14
各駅停車 95
各週 201
隔週 201
楽章 134
学生食堂 153

学卒者 149
楽団 136
学長 149
カクテル 55
カクテルグラス 44
家具店 81
楽典 134
確認する 110
学年 151
学費 19
学部 149
楽屋 144
学友 3
学歴 150
学割 153
駆け足 127
家計・家計簿 19
歌劇 137
かけ算 213
掛け時計 64
掛け布団 16
河口 192
傘 13
カササギ 186
傘立て 13
風向き 197
火山 193
華氏 196
家事 20
舵 108
カシオペア座 189
カジカ 184
貸付 19
果実酒 54
貨車 95
貸家 11
菓子屋 81
歌手 135

果樹・果樹園 180
カシューナッツ 53
画商 141
カシワ 179
数 214
カスタネット 138
霞 196
ガスレンジ 15
風邪 163
風 197
火星 189
課税品申告 111
カセット 73
仮装 29
家族 1
加速する 104
ガソリン 103
ガソリンスタンド 103
ガソリンタンク 103
肩 158
硬い 32
片づける 21
片手鍋 22
片道切符 96
かたゆで卵 42
肩ロース 45
花壇 117
家畜 177
ガチョウ 185
勝つ 120
学科 149
楽器 137
学期 151
楽曲 136
滑降 131
カッコウ 186
学校 79, 148

索 引

学校生活　150
学校制度　148
活字　68
合唱する　135
褐色の　32
がっしりした　160
合奏する　135
滑走路　110
カッター　157
カッテージチーズ　47
ガット　122
カットしてもらう　61
かつら・かつら師　144
カツレツ　41
家庭　1
家庭生活　19
家電製品　72
家電販売店　81
華道　113
カトリック教徒　7
カナダ　211
金物屋　81
カナリア　186
カニ　184
蟹座　190
カヌー　107
曲尺　25
カバ　175
カバー　67
鞄　66
画鋲　157
花瓶　14
カブ　50
画布　141
カフェ　39, 80
カフェイン入りの　48
カフェインなしの　48
カフェオレ　48

カフス・カフスボタン　31
カプセル　172
カブトムシ　187
かぶる　33
花粉　181
花粉症　165
壁　12
カボチャ　51
ガマガエル　176
カマキリ　188
カマンベールチーズ　47
神　7
髪　61, 160
紙　156
髪型　61
剃刀　17, 61
噛みタバコ　78
髪留め　61
雷　197
紙巻きタバコ　78
噛む　37
カメ　176
カメラ　114, 146
カメラマン　71, 146
カメレオン　176
画面　76
仮面舞踏会　132
カモ　185
科目　153
貨物　109
貨物船　107
貨物列車　95
カモメ　186
カヤック　107
画用紙　141
火曜日　202

か弱い　160
柄　32
カラー　31
カラー映画　145
カラー写真　113
カラーテレビ　73
辛い　38
カラカサタケ　180
辛口　53
カラシ　49
カラス　186
ガラス戸棚　14
カラス麦　46
空手　122
柄の　32
カラフェ　44
カラマツ　179
カリカチュア　140
カリキュラム　153
カリフラワー　51
下流　192
カリン　52
カルテ　169
カレイ　183
カレー　49
カレンダー　200
画廊　141
カロリー　38
革　67
川　192
カワウソ　176
カワカマス　184
川岸　192
革靴　35
革ジャン　30
為替手形　93
カワセミ　186
川釣り　116

— 227 —

索引

革なめし工 66
皮むき器 23
瓦屋根 13
癌 165
ガン 186
簡易寝台車 95
眼科 168
カンガルー 177
カンカン帽 34
換気扇 15
換気装置 102
柑橘類 52
観客・観客席 121, 144
環境にやさしい 198
環境破壊・環境保護 198
缶切り 23
観光案内所 85
観光客 85
観光バス 85, 104
観光パンフレット 85
刊行物 68
観光旅行・観光ルート 85
韓国 205
看護士・看護婦 170
かんじき 124
元日 202
患者 169
緩斜面 130
環礁 192
勘定書 42
環状道路 82
間食 37
関税 110
岩石 194
関節 160

感染症 165
幹線道路 82
肝臓 163
乾燥機 20, 72
乾燥した 196
寒帯気候 195
元旦 202
干潮 192
缶詰 50
乾電池 74
監督 120, 145
かんな 25
カンニングペーパー 152
感熱紙 77
カンバス 141
甲板 108
缶ビール 54
看病する 163
岩壁 194
漢方 173
甘味処 40
観覧車 27
管理費 19
寒流 192
寒冷前線 196

き

木 178
ギア 106
気圧・気圧計 195
キー 76
木イチゴ 52
キーボード 76, 139
キーホルダー 67
黄色い 32
キウイ 53
記憶装置 75

キオスク 80, 97
気温 196
幾何 155
器械体操 133
器楽曲 136
気管 162
機関士 96, 109
機関車 95
キキョウ 182
戯曲 142
貴金属 62
キク 181
木靴 35
キクラゲ 180
義兄 1
喜劇 142
喜劇役者 143
気候 195
寄港する・寄港地 109
稀覯本 69
既婚の 6
騎士 26
生地 31
記事 71
キジ 186
義歯 171
義姉 1
汽車 94
記者会見 71
騎手 127
寄宿舎 153
気象・気象台 195
気象学・気象学者 195
傷・傷跡 164
基数 214
既製服 29

— 228 —

索 引

季節 200
気絶する 166
季節風 197
キセル乗車をする 97
汽船 107
北 191
ギター 137
北回帰線 190
北半球 190
気団 195
機長 111
貴重品 86
喫煙者 78
喫煙車 95
喫煙所 78
キック 126
キックオフ 126
ぎっくり腰 164
喫茶店 39, 80
木づち 25
キッチン 15
キッチンスケール 22
キッチンタイマー 22
キッチンペーパー 23
キツツキ 186
切手・切手シート 88
切手収集 112
キツネ 176
切符 96, 145
切符売場・切符売り場
　窓口 97, 145
切符販売機 97
義弟 1
規定演技 132
起動する 76
危篤の 167
絹 31
記念切手 88

記念碑 85
昨日 201
キノコ 51, 180
キビ 46
義父・義母 1
木彫り・木彫り品
　141
義妹 1
義務教育 148
ギムナジウム 148
旗門 131
客 40
客演 143
客車 95
脚色する 146
客船 107
脚本家 143
客間 14
華奢な 160
キャスティング 145
キャタピラー車 100
脚光 144
キャッツアイ 62
キャップ 34
キャプテン 120
キャベツ 51
キャラウェイ 49
ギャラリー 141
ギャラリー席 144
ギャロップ 127
キャンディー 48
キャンピングカー
　100
キャンプ・キャンプ
　ファイヤー 124
9　215
休暇 85
牛革 67

救急車 100, 170
救急箱 173
休業・休業日 57
休憩 143
急降下 112
急行列車 94
求婚 5
球根 181
給仕 40
旧市街 79
給仕する 37
休日 202
厩舎 127
急斜面 130
求人広告 70
急須 45
急性の 167
及第する 150
宮殿 85
牛肉 45
牛乳 47
キューバ 211
キュービズム 141
休符 135
救命胴衣 108, 112
救命ボート 108
給油係 103
キュウリ 51
キュロットスカート
　31
今日 201
行 67
教育 148
教育学 155
教育制度 148
教員・教員室 151
競泳 129
教科 153

— 229 —

索 引

教会 79
教科書 152
競技・競技会 119
競技場 128
競技用自転車 107
教師 9, 151
教室 150
教授 10, 149
教習所 149
競争 128
胸像 142
協奏曲 136
鏡台 16
兄弟姉妹 1
教壇 150
競歩 128
協和音 135
魚介類 41
魚眼レンズ 114
曲 135
曲目 136
居城 85
漁船 107
去年・昨年 200
距離 131
距離目盛り 114
魚類 174
錐 25
霧 196
切り株 179
切り傷 164
ギリシャ 208
ギリシャ語 212
ギリシャ料理 40
キリスト教徒 7
キリスト昇天祭 202
切り札 116
切り身 45

気流 195
キリン 175
切る 22
着る 28
キルシュワッサー 55
記録 120
記録映画 145
金・銀 194
金色の・銀色の 32
禁煙 79
禁煙車 95
銀河・銀河系 188
金額 57
金管楽器 138
近眼鏡 65
緊急着陸 112
金魚 184
キング 116
金庫 93
銀行 79, 92
銀行員 9, 92
近郊鉄道 94
金婚式・銀婚式 6
近視の 66
近所の人 3
金星 189
金属 194
近代 135
近東 207
筋肉 160
歯歯 171
銀幕 145
金曜日 202

く

クイーン 116
空気入れ 106
空港 109

空車 105
クーペ 100
寓話 69
クオーツ時計 64
九月 201
茎 181
釘・釘抜き 25
草・草花 181
くさび 25
くし 17, 60
くじく 164
クジャク 186
くしゃみをする 166
鯨 177
くずかご 21
薬・薬屋 172
薬指 160
果物 52
果物屋 80
口 161
くちばし 185
口髭 162
唇 161
口紅 59
靴 34
クッキー 48
クッキングプレート 15
クッキングペーパー 23
靴クリーム 36
靴職人 35
クッション 14
靴墨・靴底 36
靴箱 13
靴紐 36
靴拭きマット 36
靴ブラシ・靴べら 36
靴磨き 36

索　引

靴屋　81
国　205
首　162
クマ　175
熊手　118
組曲　137
組札　115
クモ　188
雲　196
曇った　196
蜘蛛の巣　188
鞍　127
暗い　32
クラクション　102
クラゲ　184
グラジオラス　182
クラシック音楽　135
グラス　44
クラスメイト　151
クラッチ　102
クラブ　115
グラフ　214
グラフ雑誌　71
グラフ用紙　156
クラリネット　138
グランドピアノ　139
グランプリ　146
栗　53, 181
クリーニング店　81
クリーム　47
クリスマス　203
クリスマスツリー　179
クリップ　157
グリップ　106
グリニッチ標準時　203
グリル　15

グリンピース　50
クルーザー　107
くるぶし　159
車　99
車椅子　170
クルミ　53, 180
グレートデーン　177
グレーの　32
グレープジュース　49
グレープフルーツ　52
クレーン車　100
クレジットカード　84, 92
クレバス　194
クレヨン　156
黒い　32
クロウタドリ　186
クローク　145
クローズアップ　146
クローゼット　13
クローバー　181
グローブボックス　102
クロール　129
黒字　20
クロスカントリー　128, 131
クロスバー　125
クロッカス　182
グロッシェン　93
黒パン　47
黒ビール　54
クロワッサン　46
クワガタ　187
軍艦　107
軍用機　111

け

毛　31

毛穴　163
経営学　154
警官　10
計器盤　102
稽古　143
蛍光灯　72
経口避妊薬　173
警告　126
経済学　154
計算　213
計算機　157
計算書　86
掲示板　150
芸術・芸術家　139
軽傷である　164
軽食　39
携帯電話　90
毛糸　24
経度　190
ケイトウ　182
競馬・競馬場　127
〜経由で　96
計量カップ・計量秤　22
痙攣　166
ケーキ　47
ケーキ型　23
ケーキサーバー　23
ゲート　111
ケーブルカー　95
ゲーム　119, 123
怪我　164
外科　168
毛皮のコート　30
毛皮帽　34
劇映画　145
劇作家　143
劇場　79, 144

索引

劇団 143
下剤 173
ケシ 181
夏至 200
消印 89
消しゴム 156
下車する 98
下宿 11
化粧 59
化粧水・化粧石鹸 59
化粧する 59
化粧品 59
化粧品入れ 60
化粧品店 59, 81
下水・下水道 18
下船する 109
下駄箱 13
ケチャップ 50
血圧 162
血圧計 169
血液 162
血液型・血液検査 169
血管 162
月刊誌 71
月経 167
月桂樹 180
結婚 5
結婚式・結婚指輪 6
決勝 119
月食 189
欠席している 151
月長石 62
げっぷする 167
月曜日 202
解毒剤・解熱剤 172
けばけばしい 31
毛針 117
毛虫 187

獣 174
ゲラ 68
下痢 166
ゲレンデ 130
弦 138
検疫 110
検閲 71
原画 141
弦楽器 137
玄関・玄関ホール 13
研究する 149
現金 93
現金自動支払機 92
言語 205
健康 163
健康診断 169
健康によい 171
健康に悪い 171
健康保険 19, 169
健康保険証 169
言語学 154
検索する 77
検札係 96
犬歯 162
原子力 199
原生林 178
減速する 104
現代音楽 135
現代劇 143
建築家 142
建築学 155
建築様式 142
鍵盤・鍵盤楽器 138
顕微鏡 66
言論の自由 71

こ

5 215

コアラ 177
鯉 183
濃い 37
恋人 3
コイン 93
コイン式電話 90
コインランドリー 81
コインロッカー 97
更衣室 130
公園 80
公演 143
硬貨 93
航海 109
航海士 108
郊外鉄道 94
工学 155
合格する 150
工学部 149
甲殻類 184
広角レンズ 114
高カロリーな 38
睾丸 163
交換手 90
公刊する 68
交換台 90
講義 153
高気圧 195
講義室 153
交響楽団・交響曲 136
工具 25
航空会社・航空券 110
航空書簡 88
航空便で 89
工具箱 25
高血圧 165
高原 193

索 引

高校生 148
高校卒業資格試験 153
考古学 154
広告柱 82
広告欄 70
口座 92
交差点 83
口座番号 92
口座を開く 92
高山植物 178
高山病 124
講師 149
校舎 150
公衆電話 90
口述試験 150
行進曲 136
香辛料 49
構図 140
香水 60
洪水 193
香水スプレー 60
降水量 196
校正する 68
合成洗剤 20
合成皮革 67
抗生物質 173
鉱石 194
高速道路 82
交代要員 125
光沢紙・光沢の 115
高地 193
紅茶 48
校長 151
交通事故 104
交通標識 83
高度 112
公道 82

講堂 151
高等学校 148
黄道十二宮 190
光熱費 19
コウノトリ 186
後部座席 101
鉱物 194
鉱物学 155
公務員 9
コウモリ 176
荒野 193
広葉樹 178
行楽地 85
公立の 148
後輪 101
航路 109, 110
小エビ 184
ゴーカート 26
ゴーグル 131
コース 129
コースター 45
コース料理 40
コーチ 120
コート 30
コードかけ 13
コード 74
コードレス電話 90
コーナーキック 126
コーナーフラッグ 125
コーヒー 48
コーヒーカップ 45
コーヒーフィルター 23
コーヒーポット 45
コーヒーミル 23
コーヒーメーカー 23, 72

コーラ 49
凍らせる 22
ゴール 125, 129
ゴールインする 128
ゴールエリア 125
ゴールキーパー 125
ゴールキック 126
コールドクリーム 59
ゴールポスト 125
ゴールライン 125
コオロギ 188
コーンフレーク 47
ゴカイ 117
五月 201
五角形 214
コガネムシ 187
互換性 76
小切手 92
ゴキブリ 187
顧客 56
呼吸・呼吸器 162
子牛肉 45
国語 153
国際線 110
国際電話 91
黒人霊歌 137
国籍 205
国道 82
国内線 110
黒板・黒板消し 150
国文学 155
小熊座 189
国民哀悼の日 203
穀物 46
穀物酒 55
国立の 148
コケ 182
固形スープ 50

索引

ココア 48
ココナッツ 53
午後に 203
ココヤシ 181
小さじ 22
腰 159
古紙 199
ゴシック様式 142
コショウ 49
故障 104
誤植 68
古書店 81
個人戦 119
個人メドレー 129
ゴスペル 137
小銭 93
午前に 203
小太鼓 138
小遣い 19
骨格 160
コック帽 34
骨折 164
小包 89
骨董品 112
骨董品店 81
コットン 31
骨盤 160
コップ 44
こて 25
古典劇 143
古典派 141
小道具 144
今年 200
子供 1, 5
子供時代 5
子供服 28
子供部屋 26
小鳥 185

粉薬 172
粉石鹸 20
コニャック 54
こねる 22
小鼻 161
小春日和 196
古美術品 112
子羊肉 45
小人 26
こぶし 159
小舟 107
ゴマ 46
鼓膜 161
コマンド 76
ゴミ 21
小道 83
ゴミの分別 198
ゴミ箱 21
小麦・小麦粉 46
ゴム長 35
米 46
こめかみ 161
コメディアン 143
小指 160
暦 200
コラム 70
コリー 177
ゴリラ 175
コルク抜き 23
コルセット 33
ゴルフ 121
コレクション 112
コレクトコール 91
コレラ 165
コロンビア 211
コンクリートミキサー 100
今月 201

コンゴ 210
コンコース 97
コンサート 136
コンサートホール 79
今週 201
コンセント 74
コンタクトレンズ 65
献立表 40
コンチェルト 136
昆虫 187
昆虫採集 112
昆虫類 175
コンテナ船 107
コントラバス 137
コンパートメント 95
コンパクト 59
コンパス 108, 124, 157
コンピュータ 75
コンピュータウィルス 77
コンピュータグラフィックス 75
棍棒 133
コンポスト 198
婚約 5
婚約者・婚約指輪 5
婚礼 6

さ

サーバー 122
サービスエース 122
サービスエリア 82
サービスライン 122
サービス料 86
サーブ 122
サーフィン 121
サイ 175

索 引

再起動 76
細菌 165
サイクリング 107, 121
在庫一掃 57
サイコロ 113
採集 112
サイズ 33
サイズナンバー 34
再生紙 199
サイドブレーキ 102
サイドミラー 102
財布 67
裁縫 24
細密画 140
ザイル 124
サインペン 156
サウジアラビア 207
サウンドトラック 146
魚 183
魚釣り 113
魚屋 9, 81
魚料理 41
砂岩 194
砂丘 191
作業服 29
砂金 194
柵 117
索引 67
作戦 120
サクソフォン 138
昨年 200
作品 135
サクラ 180
サクランボ 52
ザクロ 52
サケ 183

酒飲み 55
酒類 53
左舷 108
挿し絵 68, 140
差し金 25
桟敷席 144
差出人 89
査証 110
砂州 192
サスペンダー 30
座席 95, 111
座席指定券 97
座席番号 111
サソリ 188
蠍座 190
撮影する 114, 146
作家 69
サッカー 125
サッカー競技場 125
サッカー選手 125
サッカーボール 125
作曲家 135
殺菌する 170
サックス 138
雑誌 71
雑草 181
サツマイモ 51
砂糖 50
茶道 113
砂糖入れ 45
里親 2
サドル 106
さなぎ 187
サバ 183
砂漠 193
サバンナ 193
サファイア 62
サフラン 49

サポーター 121
サボる 151
サマースクール 152
サメ 183
座薬 172
小夜曲 136
皿 44
ざらざらした 32
サラダ 41
サラダ菜 51
サラダボウル 44
サラミ 46
サラリーマン 8
ザリガニ 184
サル 175
ざる 22
サロン 108
3 215
産科 168
3階建ての家 11
山岳救助隊 124
三角形 214
三角定規 157
三角州 192
山岳ツアー 123
三月 201
三脚 114
三行広告 70
サングラス 65
サングリア 55
サンゴ 62
サンザシ 180
サンショウウオ 177
三色スミレ 182
算数 153
酸素マスク 112
残高通知書 92
サンダル 35

— 235 —

索引

三段跳び 128
山地 193
三王来朝 202
桟橋 109, 191
散髪はさみ 61
賛美歌 137
サンプル 58
散歩 83
山脈 193
三輪車 26

し

死 7
4 215
痔 166
試合 119
シーズンオフ 85
シーソー 27
シーツ 16
CD 73
GT車 101
CDプレーヤー 74
CD-ROM 76
シート 101, 111
シートベルト 101
シードル 54
ジープ 100
シーフード 41
ジーンズ 30
シェイカー 55
シェーバー・シェービングクリーム 17
ジェット機 111
ジェットコースター 27
シェパード 178
シェリー酒 55
塩 50

潮 192
塩辛い 38
歯科 171
シカ 176
シガー 78
歯科医・歯科医院 171
市外局番 90
市外通話 91
市街電車 94
歯学 155
四角形 214
自画像 140
四月 201
シガレット 78
シガレットケース 78
シガレットホルダー 78
時間 204
時間割 153
四季 200
式 214
磁気 194
敷き革 36
敷金 19
色彩 140
指揮者 136
式服 28
敷き布団 16
子宮 163
試供品 58
シクラメン 182
茂み 180
試験 152
試験問題 150
地獄 7
時刻表 97
子午線 190

仕事着 29
仕事部屋 16
時差 203
時差ぼけ 112
四肢 159
シシカバブ 42
獅子座 190
試写会 146
磁石 194
刺繍 24
詩集 69
シジュウカラ 185
歯周病 171
支出 19
思春期 5
辞書 70
自叙伝 69
地震 193
システムキッチン 15
史跡 85
自然科学 154
自然主義 141
時速 103
子孫 2
舌 161
下着 32
下敷き 156
仕立屋 28
舌平目 183
7 215
七月 201
七面鳥 185
シチュー 41
視聴覚教室 150
市庁舎 79
質が良い 56
質が悪い 56
湿気 196

— 236 —

索　引

実験　153
実習生　10
湿疹　165
失神する　166
質素な　31
湿地　193
湿度・湿度計　196
室内楽　137
室内管弦楽団　136
室内履き　35
ジッパー　30
湿布　172
尻尾　177
実用書　69
指定券　97
私鉄　94
辞典　70
自転車　106
自転車競技・自転車競争　107
自転車専用道　82
自転車立て　107
私道　82
自動改札機　97
自動車　99
自動車学校　149
自動車教習所　103
自動車修理工　104
自動車保険　103
児童書　70
自動販売機　57
市内通話　91
シナノキ　179
品物　56
シナモン　49
しなやかな　32
シナリオ・シナリオライター　146

芝居好き　145
支配人　86
芝刈り機　117
始発駅　96
芝生　117
耳鼻咽喉科　168
渋い　38
ジフテリア　165
シフトレバー　102
紙幣　93
脂肪　38
絞り　114
しぼる　20
島　192
シマウマ　175
字幕　145
縞の　32
自慢の料理　40
地味な　31
事務机　16
湿った　196
霜　197
霜焼け　166
ジャーナリスト　9, 71
シャープ　134
シャープペン　156
シャーベット　48
社会科　153
社会科学　154
社会保険　19
ジャガイモ　51
市役所　79
蛇口　18
シャクナゲ　182
ジャケット　29
車検証　103
車庫　11

写実主義　141
車掌　96, 104
写真・写真家　113
ジャズ　137
ジャズダンス　132
ジャスミン茶　48
社説　70
車線　83
車体　101
シャツ　29
ジャック　116
しゃっくり　166
シャッター・シャッターボタン　114
車道　82
シャトルバス　104
謝肉祭　202
シャベル　118
シャボン玉　26
ジャム　47
シャム猫　178
斜面　194
しゃもじ　23
車両　95
車輪　101, 106
しゃれた　32
シャワー　16
シャワーカーテン　16
ジャングル　178
ジャングルジム　26
シャンソン　137
シャンデリア　14
ジャンパー　29
シャンパン　54
シャンパングラス　44
ジャンプ　131, 132
シャンプー　17, 61
ジャンプ台　131

— 237 —

索 引

ジャンル 139
週 201
10 215
十一月 201
自由演技 132
十億 216
自由形 129
十月 201
週刊誌 71
住居 11
宗教 7
従業員 87
宗教改革記念日 203
シュークリーム 47
ジューサー 23, 72
修士 149
収集・収集家 112
住所 89
重傷である 164
修士論文 149
ジュース 49
修正液・修正ペン 156
集積回路 76
渋滞 83
住宅 11
絨毯 14
終着駅・終点 96
充電器 74
しゅうと 1
シュート 126
柔道 122
しゅうとめ 1
十二月 201
収入 19
重病の 167
秋分 200
週末 202

周遊 85
修理工場 104
修理する 65, 104
重力 189
シュールレアリスム 141
主演俳優 145
授業 151, 153
授業料 150
授業料免除 150
祝祭日 202
宿題 152
祝電 91
宿泊料 86
手芸 113
手芸品店 81
受験者・受験料 150
主菜 41
種子 181
主治医 168
手術・手術室 170
主将 120
主審 126
主人公 69
首席 153
出演者 145
出血する 166
出航する 109
出国 110
出産 4, 171
十種競技 128
出場者 120
出席簿 151
出張 84
出発 96
出版社・出版する 68
出力 77
受難日 202

授乳する 27
樹皮 179
主婦 1
趣味 112
種目 119
主役 143
シュラフ 124
シュロ 181
受話器 90
準急 94
準決勝・準々決勝 119
春分 200
準優勝者 120
巡洋艦 107
錠 13
上映する 146
省エネルギー 199
上演 143
ショウガ 49
生涯 4
障害飛越 127
障害物競争 128
奨学金 150
小学生・小学校 148
消化の良い 38
消化の悪い 38
消化不良 166
将棋 113
定規 157
蒸気機関車 95
蒸気船 107
乗客 95, 107, 111
上級生 151
正午に 203
錠剤 172
上司 3
乗車券 96

— 238 —

索　引

乗車する　97	勝利　120	食料品店　81
少女　5	上陸する　109	除光液　60
症状　166	上流　192	書斎　16
小説家　69	蒸留酒　54	助産婦　168
商船　107	常緑樹　178	助手　149
乗船する　109	じょうろ　118	序数　216
肖像画　140	ジョーカー　116	女性の　3
肖像写真　114	ショートパンツ　30	助走　128
焼酎　54	書架　16	触角　187
使用中　112	書簡　88	食器　187
小腸　163	序曲　137	食器洗い機　24, 72
商店　56	ジョギング　121	食器棚　15
焦点　114	ジョギングシューズ　35	ショッピング　66
商店街　80	食塩　50	ショッピングカート　56
焦点距離　114	職業　8	ショッピングセンター　80
消毒する　170	職業学校　149	ショッピングバッグ　56, 66
消毒薬　173	職業教育　148	書店　81
衝突する　98, 104	職業ドライバー　103	初日　146
小児科　168	食後　172	初版　68
小児病　164	食後酒　40	書評　69
鍾乳洞　194	贖罪と祈りの日　203	処方箋　169
商人　10	食事　37	女優　143
少年　5	食餌療法　170	書類入れ・書類鞄　66
乗馬　121, 127	食前　172	ショルダーバッグ　66
乗馬靴　35	食前酒　40	白樺　179
ジョウビタキ　186	食卓　14	素面の　55
商品　56	食中毒　165	シラミ　187
勝負　120	食堂　14	尻　159
情夫・情婦　3	食堂車　95	シリア　207
情報科学　155	食費　19	知り合い　3
情報技術　75	植物　178	シリアル　47
消防車　100	植物園　80, 178	シリーズ　69
情報処理　75	植物学　155	市立の・私立の　148
錠前　13	植物採集　112	支流　192
乗務員　95	食物連鎖　198	視力　65
証明書用写真　114	食用の　37	
しょうゆ　50	食欲　166	
乗用車　99		

索 引

視力検査 66
シリング 93
シルク 31
シルクハット 34
歯列矯正 171
城 85
白い 32
シロクマ 175
白黒写真 113
シロツメクサ 181
白パン 47
白ビール 54
シロフォン 138
白ワイン 53
皺 161
ジン 54
神学 154
新学年・新学期 151
シンガポール 206
新刊書 68
心筋梗塞 163
寝具 15
真空 189
シングル 29
シングルス 123
シングルルーム 86
シンクロナイズドスイミング 130
神経 163
信号 83
人工衛星 188
信号機 97
人工呼吸 170
人工の 63
新婚夫婦 6
新婚旅行 6, 84
審査員 133
診察・診察時間 169

診察室 168
診察料 169
寝室 15
紳士服 28
新車 100
ジンジャーエール 49
真珠 62
真珠貝 184
人身事故 98
人生 4
親戚 2
シンセサイザー 139
心臓 162
腎臓 163
心臓移植 170
心臓マッサージ 169
身体 158
寝台券 97
寝台車 95
新体操 133
診断・診断書 169
身長 160
新調する 28
親展 89
心電図 169
神道信者 7
新年 202
シンバル 138
新婦 6
シンフォニー 136
新聞 70
人文科学 154
新聞記者・新聞社 71
新聞小説 70
新聞予約購読者 71
蕁麻疹 165
深夜料金 105
親友 3

針葉樹 178
心理学 154
診療所 168
心理療法 170
人類 3
新郎 6

す

酢 50
巣 185
スイートピー 182
スイートルーム 86
スイーパー 126
水泳 129
水泳帽 34
スイカ 53
吸い殻 78
水球 130
水銀 195
水彩絵の具 156
水彩画 140
炊事する 20
水晶 62
水上スキー 121
スイス 208
彗星 188
水星 189
水仙 182
水槽 185
吹奏楽団 136
水族館 185
垂直な 214
スイッチ 74
水道 18
水道料 19
随筆・随筆家 69
水夫 109
水平線 191

— 240 —

索 引

水平な 214
水兵帽 34
水墨画 140
睡眠薬 173
水曜日 202
推理小説 69
睡蓮 182
スウェーデン 209
スウェーデン語 212
スウェットシャツ 29
数学 155
数字 214
スーダン 210
スーツ 28
スーツケース 66
スーパー大回転 131
スーパーマーケット 80
スープ 41
スープ皿 44
ズームレンズ 114
図画 154
スカート 30
スカーフ 62
頭蓋骨 160
スカンク 176
スギ 179
スキー 121
スキー板 130
スキー学校・スキー場 130
スキーブーツ 131
スキー帽 34
スキーヤー 130
スキャナー 77
スキンクリーム 59
スクールバス 104, 152

スクランブル 42
スグリ 52
スクリーン 145
スクリュー 108
スケーター 131
スケート 121
スケート靴・スケート場 131
スケートボード 26, 122
スケール 134
スケッチ 140
スケッチブック 156
スコア 123, 134
スコップ 118
筋書き 142
スズカケ 180
スズキ 183
すすぐ 20
スズメ 185
スズメバチ 188
進める 65
スズラン 182
スター 145
スタート台 129
スタートライン 128
スタジアム 128
スタッフ 87
スタンド 121
スチュワーデス 9, 111
スチュワード 111
頭痛 166
頭痛薬 172
ズッキーニ 51
ズック靴 35
酢漬けキャベツ 42
酸っぱい 38

スティック 132, 138
スティック糊 157
ステーションワゴン 100
ステープラー 157
ステッカー 156
ステッキ 13
ステップ 132, 193
ステレオセット 14, 73
ステンドグラス 12
ストーブ 12
ストーリー 142
ストール 62
ストッキング 33
ストック 131
ストッパー 125
ストップウォッチ 64
ストライキ 98
ストライプの 32
ストレート 54
ストローク 122, 129
スナップ写真 114
砂時計 64
砂場 26
スニーカー 35
すね 159
スノードロップ 182
スノーボード 121, 131
スパークリングワイン 54
スパイシーな 38
スパイス 49
スパゲッティ 42, 46
スパナ 25
図版 68
スピーカー 74

索引

スピード違反 103
スピードスケート 131
スピン 132
スプーン 44
スプリンクラー 118
スペアリブ 41
スペイン 208
スペイン語 212
スペースシャトル 189
スペード 115
滑り台 26
スポーツ 119
スポーツウエア 29
スポーツカー 100
スポーツ科学 155
スポーツジム 80
スポーツ新聞 70
スポーツマンシップ 121
スポーツ用品店 81
スポーティーな 32
スポットライト 144
ズボン 30
スポンジ 24
ズボンつり 30
スマッシュ 123
墨絵 140
スミレ 182
スモークサーモン 41
スモモ 52
スライス 123
スライド 115
スライド映写機 115
スラックス 30
スリーピース 28
すり下ろす 22

擦り傷 164
擦り込む 172
スリッパ 35
スリップ 33
スリムな 160
スローイン 126
スロバキア 209
スワヒリ語 212

せ

聖歌 137
声楽家 135
製革工 66
生活水準 20
生活費 19
税関・税関吏 110, 111
性器 163
請求書 86
聖金曜日 202
整形外科 168
制限速度 103
星座 189
製作者 145
政治家 9
政治学 154
青春期 5
聖書 70
青少年 5
精神安定剤 172
精神科 168
精神病 164
精神病院・精神分析 168
成績 150, 152
精巣 163
聖体祭 203
成虫 187

生徒 148
聖堂 79
成年の 5
整備士 104
性病 165
制服 29, 152
西部劇 145
生物 174
静物画 139
生物学 155
西洋史 154
西洋ナシ 52
生理 167
整理する 21
整理ダンス 15
生理用ナプキン 173
聖霊降臨祭 202
西暦 200
セージ 49
セーター 30
セーブする 77
セーラー服 29
セールスマン 58
背泳ぎ 129
世界記録 120
世界史 154
世界地図 70
世界チャンピオン 119
世界文化遺産 198
セカンドサービス 122
赤十字 168
脊椎 160
赤道 190
咳止め 173
石版画 140
石油 199

索 引

赤痢 165
咳をする 166
世代 4
セダン 101
石灰岩 194
石鹸 17
石膏 142
摂氏 196
セット 123, 146
セットしてもらう 61
セットする 64
絶壁 191
雪片 197
説明する 151
せとものの屋 81
背中 159
セネガル 210
背広 28
背骨 160
セミ 187
ゼミナール 153
ゼラニウム 182
ゼリー 48
台詞 144
セルフサービス 40
セルフタイマー 115
セレナーデ 136
0 215
セロハンテープ 157
セロリ 51
千 216
繊維質 38
前衛派 141
全音 135
洗顔クリーム 59
前景 144
先月 201
全国紙 70

洗剤 20
前菜 40
船室 108
先日 201
全自動洗濯機 20
船首 108
選手 120
先週 201
全集 69
選手権 119
線審 126
潜水艦 108
センスがいい 63
先生 151
占星術 190
前線 195
先祖 2
船倉 108
喘息 163
センターサークル・センターフォワード 125
センターライン 125
選択科目 153
洗濯機 20, 72
洗濯ばさみ・洗濯物 20
センタリング 126
船長 108
セント 93
セントバーナード 177
セントラルヒーティング 12
栓抜き 23
洗髪する・染髪する 61
船尾 108

扇風機 72
洗面器・洗面台 16
専門医 168
専門高等学校・専門大学 148
前輪 101
線路 97

そ

ゾウ 175
総入れ歯 171
造園 117
双眼鏡 66
葬儀 7
雑巾 21
走行距離 102
総合大学 148
捜索 124
葬式 7
掃除機 21
操縦士 111
双書 66
掃除をする 21
装身具 63
曾祖父母 2
総長 149
遭難 124
装備 123
総譜 134
増補版 68
ソース 50
ソースパン 22
ソーセージ 45
ソーダ水 48
速達・速達料金 89
速度 103
速度計 102
速度制限 103

— 243 —

索引

ソケット 74
底皮 36
咀嚼する 37
塑像 141
粗大ゴミ 198
卒業試験 153
卒業する 149
ソックス 33
測候所 195
袖・袖口 31
袖無しの 30
ソナタ 136
そば 46
そばかす 161
素描 140
祖父 2
ソファー 14
ソフトウエアー 76
ソフトドリンク 40
ソフト帽 34
祖父母 2
ソプラノ 135
祖母 2
空 188
ソラマメ 50
そり 131

た

ダービー 127
ターミナル 110
ターン 129
タイ 183, 206
体育 154
体育館 133, 151
ダイオキシン 198
体温・体温計 167
大回転 131
体格 160

大学 148
大学院 149
退学する 149
大学生 148
大学付属病院 168
大気 195
大気汚染 198
大気圏 188
大工 9
台形 214
タイ語 212
待降節 203
大根 51
大使館 85
体重 160
体重計 17
大衆紙 70
退場 127
退場する 143
大豆 50
代数 155
大聖堂 79
大西洋 191
体操・体操選手 133
台地 193
大腸 163
タイツ 33
台所 15
台所用洗剤 24
大都市 79
タイトスカート 31
タイトル保持者 119
ダイニング 14
代表番号 90
タイピン 63
ダイビング 122
台風 197

タイプライター 16, 157
タイブレーク 123
太平洋 191
タイム 49
タイヤ 101, 106
ダイヤ 116
ダイヤモンド 62
ダイヤル 90
太陽 188
大洋 191
太陽エネルギー 199
大陸 191
大陸性気候 195
大陸棚 192
大理石 141, 194
台湾 205
多雨の 196
唾液 163
楕円 214
タオル 17
タカ 186
高い 57
打楽器 138
高飛び込み 129
宝物 26
滝 193
タキシード 28
タクシー 100, 105
タクシー乗り場 105
タグボート 108
たくましい 160
竹・タケノコ 181
タゲリ 186
凧 26
タコ 184
タコメーター 102
足し算 213

索引

出し物 143
ダダイズム 141
立会人 6
ダチョウ 186
脱衣所 130
卓球 121
脱臼する 164
ダックスフント 177
脱脂綿 173
ダッシュボード 102
脱水機 20
脱線する 98
タッチ 129
タッチライン 125
手綱 127
タツノオトシゴ 185
竜巻 197
たてがみ 177
たて笛 138
谷 193
種 181
種馬 127
タバコ・煙草 78
タバコ屋 79
旅・旅支度をする 84
ダブル 29
ダブルス 123
ダブルフォルト 122
ダブルベッド 15
ダブルルーム 86
食べられる 37
食べる 37
打撲 164
卵 47, 185
タマネギ 51
ダム 193
たも 117
便りがある 88

タラ 183
タラップ 108
ダリア 182
舵輪 108
ダルメシアン 177
タロット 116
たわし 21
痰 166
段 12
担架 170
タンカー 107
断崖 191
単科大学 148
単眼 187
短期大学 148
短距離競走 128
短靴 35
タンクトップ 30
タンクローリー 100
ダンサー 132
タンザニア 210
炭酸水 48
誕生・誕生日 4
短針 65
タンス 15
ダンス 132
炭水化物 38
淡水魚 183
ダンス音楽 137
ダンスパーティー・ダンスホール 132
男性の 3
単線の 95
団体戦 119
団体旅行 85
段違い平行棒 133
短調 134
担任の先生 151

蛋白質 38
タンバリン 138
ダンプカー 100
短編小説 69
暖房装置 72
タンポポ 181
タンポン 173
段落 68
暖流 192
暖炉 12

ち

チーズ 47
チーズケーキ 42
チーター 175
チーム 120
チェーン 106
チェコ 209
チェス 113
チェックアウトする・チェックインする 86
チェックの 32
チェロ 137
遅延 98
チェンバロ 139
地殻 193
地学 155
地下室 11
地下鉄 94
力 189
地球 188
地球儀 158
乳首 158
地溝 191
遅刻する 151
地軸 190
知人 3

索 引

地図 70, 124
地図帳 70
チター 137
父 1
地中海 191
地中海性気候 195
チップ 42, 76, 86, 105
チップカード 76
乳房 158
地平線 191
地方紙 70
地方都市間急行 94
茶 48
茶色の 32
チャウチャウ 177
茶会 113
着陸する 112
茶こし 45
チャンピオン 119
中甘口 54
中央分離帯 83
中学生・中学校 148
中辛 53
中華料理 40
中国 205
中国語 212
中古車 100
注射 170
注釈 69
駐車場・駐車する 103
抽象画・抽象美術 141
昼食 37
中心部 79
中性洗剤 20
鋳造 142

チューナー 73
中二階 12
中年 6
チューバ 138
チューブ 106
中米 211
チューリップ 182
腸 163
兆 216
チョウ 187
長円 214
朝刊紙 70
調教・調教師 127
長距離競走 128
長距離バス 104
彫刻・彫刻家 141
彫刻品 141
チョウザメ 183
チョウジ 49
長寿 7
頂上 193
朝食 37
長針 64
聴診器 169
朝鮮 205
挑戦者 119
彫像 79
長調 134
弔電 91
蝶ネクタイ 63
跳馬 133
長編小説 69
長方形 214
調味料 49
蝶結びをする 57
調理器具 21
鳥類 174
チョーク 150

貯金・貯金箱 20
チョコレート 47
チョコレートケーキ 42
著者 68
貯水池 193
貯蓄口座 92
直滑降 130
チョッキ 29
地理 154
チリ 211
ちりとり 21
治療・治療費 169
鎮魂曲 137
鎮静剤・鎮痛剤 172
チンパンジー 175
沈没する 109

つ

ツアー 85
追突する 104
墜落する 112
ツインルーム 86
通貨 93
通学鞄 66, 152
通信 77
通信員 71
通信簿・通知表 152
ツーピース 28
通風装置 102
通訳 85
通路 82
通路側座席 111
通話料金 91
杖 13
使い捨てカメラ 114
使い捨てびん 199
月 189, 200

索　引

付添人　170
つぐ　55
ツクシ　181
ツグミ　185
繕う　24
付け合わせ　42
付けまつげ　59
ツタ　180
ツナ　183
津波　192
角　176, 177
つば　34
ツバキ　180
翼　185
ツバメ　185
つぼみ　181
妻　1
爪楊枝　45
積み木　26
つむじ　160
爪　160
爪切り　17
冷たい　38
詰め物　171
つや消し紙　115
つや消しの　115
釣り　116
釣り糸・釣竿　117
釣り銭　57
釣り道具　117
吊り縄　133
吊り橋　193
釣り針　117
釣り人・釣り堀　116
吊り輪　133
つる　65
ツル　186
つるつるした　32

つるなし眼鏡　65
つわり　170
ツンドラ　193

て

手・手足　159
手当て　169
手網　117
ティーカップ　45
Tシャツ　30
ティースプーン　45
ディーゼル機関車　95
ティーバッグ　45
ティーポット　45
ディーラー　116
ティーンエイジャー　5
庭園　117
低カロリーな　39
低気圧　195
定期刊行物　71
定期券　96
定期船　108
定期預金　92
低血圧　165
デイジー　181
定食　40
ディスカウント・ディスカウントショップ　57
ディスクドライブ　76
ディスコ　80, 132
ディスプレー　76
訂正　68
停電　74
定年　6
停泊する　109
ディフェンダー　125

堤防　193
ティンパニー　138
データ　77
データベース　77
データ保護　77
デートする　3
テープ　57
テーブル　14
テーブルクロス　14
テーブルスプーン　45
テープレコーダー　73
テールランプ　101
デオドラントスプレー　60
手紙　88
デカンター　44
テキーラ　54
テクノ　137
手首　159
デコレーションケーキ　47
デザート　42
デザイナー　9
デジタル時計　64
デスクトップコンピュータ　75
テスト　152
手すり　12
鉄　194
哲学　154
鉄兜　34
デッキ　108
デッキチェア　117
鉄筋コンクリート建築　11
デッサン　140
鉄道　94
鉄道事故　98

— 247 —

索引

鉄道模型 113
鉄棒 133
テニス 121, 122
テニスコート 122
テニスボール 122
デニッシュ 46
手荷物一時預かり所 97
テノール 135
手鋸 25
手の甲・手のひら 159
デパート 80
手袋 62, 67
手札 116
出迎える 111
デュース 123
テラス 13
テリア 178
デルタ 192
テレックス 91
テレビ 14, 73
テレビゲーム・テレビ番組 73
テレホンカード 90
天 188
店員 10, 56
電化製品・電化製品店 72
点火装置 102
テンガロハット 34
点眼薬 173
天気 195
伝記 69
電気 199
電気剃刀 17, 73
電気機関車 95
電気器具 72

天気図 195
電気スタンド 16, 72
電気ストーブ 72
電気掃除機 72
電気ドリル 25
電球 72
天気予報 195
電気レンジ 15, 72
電源ボタン 74
天候 195
天国 7
伝言を残す 91
天使 7
電子工学 155
電子メール 77
電車 94
店主 56
天井 12
添乗員 85
電子レンジ 15, 72
電信の 91
電信柱 82
点数 150
電線 74
伝染病 165
天体 188
天体望遠鏡 66
電卓 73
デンタルフロス 17
デンタルリンス 17
電池 74
電柱 82
点滴を受ける 170
テント 124
電灯 14
テントウムシ 187
天然ガス 199
天パン・天火 15

点描画法 141
天秤座 190
転覆する 109
テンペラ画 140
電報 91
電報を打つ 91
デンマーク 209
デンマーク語 212
天文学 155
天文台 188
展覧会 141
電話 73, 90
電話機・電話交換局 90
電話代 19
電話帳 91
電話番号・電話ボックス 90
電話料金 91

と

戸 12
ドア 12, 101
ドアマット 36
投網 117
ドアロック 101
ドイツ 207
ドイツ語 212
ドイツ史 154
ドイツ鉄道 94
ドイツ統一記念日 203
ドイツ料理 40
トイレ 17, 112
トイレットペーパー 17
胴 158
銅 194

— 248 —

索 引

糖衣錠 172
トウガラシ 49
投函する 88
同級生 3
道具方 144
洞窟 194
峠 194
陶芸 113
冬至 200
湯治場 85
凍傷 166
搭乗員・搭乗券 111
同乗者 103
登場する 143
搭乗する 111
投書欄 70
同窓会 153
同窓生 3
灯台 109
到着 96
糖尿病 165
銅版画 140
トウヒ 179
動物 174
動物愛護 198
動物園 80
動物学 155
トウモロコシ 46
同僚 3
道路 82
道路標識 83
童話 26
トーキー 145
トーシューズ 132
トースター 23, 72
トーナメント 119
ドーベルマン 177
通り 82

ト書き 144
トカゲ 176
毒キノコ 180
独語学 155
特産品 56
特殊効果 146
読書 113
独唱者 136
独身の 6
得点 120
特売・特売品 57
特派員 71
独文学 155
特別列車 95
毒薬 172
棘 181
時計 64
時計店 81
時計の針 64
時計回りに 65
時計屋 64
床屋 9, 60
登山・登山家 123
登山ガイド 123
登山靴 35, 124
登山電車 95
都市 79
年老いた 6
都市間超特急 94
都市間特急 94
都市高速鉄道 95
ドジョウ 183
図書室 151
年寄り 6
都心 79
土星 189
トチ 179
特急券 96

特効薬 173
突風 197
トップ記事 70
トップスピン 123
土手 193
トド 177
隣り近所 3
トネリコ 179
トパーズ 62
トビ 187
トビウオ 183
飛び込み台 129
跳び箱 133
トマト 51
泊まる 86
とも 108
友達 3
土曜日 202
虎 175
トライアスロン 128
ドライクリーニングする 20
ドライバー 25, 103
ドライヤー 73
トラクター 100
ドラゴン 26
トラック 100
トラッピング 126
トラ猫 178
トラベラーズチェック 84, 92
ドラマ 143
ドラム 139
トランク 101
トランクス 33
トランジット 111
トランプ 115
トランプ占い 116

索引

トランプ占い師 116
トランプカード 115
トランプゲーム 113
トランペット 138
トランポリン 133
鳥 185
取扱注意 89
鳥かご 185
鶏肉 45
鳥肉料理 41
ドリブル 126
トリュフ 180
ドリル 25
ドリンクメニュー 40
ドル 93
トルコ 208
トルコ石 62
トルコ語 212
トルソ 142
トレーナー 29
トレーニング 121
トレーニングウエア 30
ドレス 28
ドレッサー 16
ドレッシング 41, 50
泥 194
トロット 127
ドロップショット 123
トロピカルフルーツ 53
とろ火で煮る 22
トロフィー 120
泥除け 107
トロリーバス 104
トロンボーン 138
トンカチ 25

ドングリ 179
緞帳 143
丼 44
トンボ 187

な

内科 168
ナイジェリア 210
内線 90
内臓 162
ナイチンゲール 186
ナイトキャップ 34
ナイトテーブル 16
ナイフ 44, 157
ナイロン 31
治る 163
長生き 7
長椅子 14
長靴 35
中敷き 36
流し台 15
長袖シャツ 30
中庭 11
長ネギ 51
仲間 3
長屋式住居 11
中指 159
流れ 192
凪 192
仲人 6
ナショナルチーム 120
ナス 51
雪崩 197
夏 200
夏時間 203
ナッツ 53
ナット 25

夏日 196
夏服 28
ナツメグ 49
ナツメヤシ 53
夏休み 152
ナナカマド 180
七種競技 128
斜めの 214
ナプキン 44
ナプキンリング 44
鍋 22
なべしき 23
なべつかみ 23
ナマコ 184
生ゴミ 198
ナマズ 184
生ビール 54
生野菜 41
鉛 194
波 192
並足 127
並木道 82
涙 167
なめし革・なめす 67
なめらかな 32
ナラ 179
縄 133
なわとび 26
南極 190
南極地方 191
軟膏 172
難産 171
ナンバープレート 101
難破船 109
南米 211

— 250 —

索 引

に

2 215
におい 38
二階 12
苦い 38
2階建てバス 104
二月 201
肉 45
肉体 158
肉屋 9, 80
肉料理 41
煮こごり 46
ニコチン 79
にごりワイン 54
西 190
虹 196
二重唱 136
24時間営業である 57
ニシン 183
ニシンのマリネ 41
二世帯住宅 11
荷台 106
二段ベッド 15
日曜大工 113
日曜日 202
日刊紙 70
肉桂 49
日射病 166
日食 189
日中に 203
二等 96
二の腕 159
日本 205
日本海 191
日本語 153, 212
日本酒 55
日本文学 155
二枚目 143
入院する 169
乳液 59
入学金・入学試験 150
入学する 149
入国・入国管理局 110
乳歯 161
ニュージーランド 206
ニュース 70
乳製品 47
入浴剤 16
入力 76
尿 167
尿検査 169
煮る 21
ニレ 179
庭・庭いじり 117
にわか雨 196
ニワトコ 180
鶏 185
人形 26
人間 3
妊娠 170
ニンジン 51
妊娠中絶 171
ニンニク 49

ぬ

ぬいぐるみ 26
縫う 24
ヌード 140
ヌードル 46
脱ぐ 28, 33, 35
布 24
沼 193

塗り薬・塗る 172

ね

根 179
ネオン 80
ネガ 115
ネギ 51
値切る 56
ネクタイ 63
ネクタリン 52
ネグリジェ 33
猫 178
ネコヤナギ 180
ネジ 25
ネズミ 176
寝たきりである 163
値段 40, 57
ネッカチーフ 62
ネックレス 63
熱帯雨林 178
熱帯気候 195
熱帯魚 184
熱帯植物 178
ネット・ネットポスト 122
ネットワーク 77
熱を計る 167
寝袋 124
値札 57
寝間着 33
眠い・眠り込む 167
年 200
捻挫する 164
年収 19
粘土 142, 194
年配の人 6
燃料 103
年齢 4

索引

の

ノイローゼ 164
脳 162
ノウサギ 176
農場主 9
脳卒中 164
農夫 9
ノースリーブの 30
ノート 156
ノート型パソコン 75
ノクターン 135
鋸 25
のぞき穴 13
ノックする 13
のど 162
のど飴 173
のどが乾く 167
喉ぴこ・喉ぼとけ 162
ノネズミ 176
登る 123
ノミ 187
のみの市 80
飲み物 40
飲み屋 55
飲む 55
飲める 37
糊 157
乗り遅れる 98
乗り換え駅 96
乗り換える 98
乗組員 108, 111
ノルウェー 209
ノルウェー語 212
ノルディック競技 131
ノロジカ 176

飲んだくれ 55

は

歯 161
葉 179
場 142
バー 55
パーカー 30
パーカッション 138
パーキングメーター 103
ハーケン 124
バージョン 76
パーセント 214
バーテンダー 55
ハート 115
ハードウエアー 76
ハードコート 122
ハードディスク 76
ハードトレーニング 121
パートナー 132
ハードル競争 128
ハーブ 49
ハープ 137
ハーフウエーライン 125
ハーフタイム 127
ハーフブーツ 35
ハーフボレー 123
バーベキュー 124
パーマ 60
ハーモニー 134
ハーモニカ 138
肺 162
バイアスロン 131
背泳 129

ハイエナ 175
肺炎 163
バイオリン 137
ハイカー 124
排気ガス 198
排気管 101
ハイキング 124
配偶者 1
背景 144
灰皿 78
ハイジャック 112
配色 140
バイス 25
排水 198
ハイソックス 33
配達する 88
売店 80
配電盤ボックス 74
バイト 77
パイナップル 53
灰の水曜日 202
バイパス 82
ハイヒール 35
パイプ 78
パイプオルガン 139
ハイボール 54
敗北 120
ハイマツ 179
配役・俳優 143
パイロットランプ 72
バインダー 157
パウダー 59
ハエ 187
墓 7
はがき 88
博士論文 149
バカンス 85
パキスタン 206

— 252 —

索 引

拍 135
掃く 21
履く 35
バク 175
バグ 178
歯茎 162
白菜 51
拍車 127
白鳥 186
白熱電球 72
博物館 79
刷毛 25
ハゲタカ 187
バケツ 21
バゲット 46
はさみ 157
箸 44
橋 192
はしか 164
梯子 25
ハシバミ 53, 180
パジャマ 33
馬術・馬術競技 127
柱 12
柱時計 64
走り高跳び・走り幅跳び 128
バジル 49
バス 100, 104, 136
パス 126
バスケットボール 121
パスタ 46
バスターミナル 105
バスタオル 17
バスタブ 16
バス停留所 104
パステル画 140

パスポート 84, 110
バスマット 17
バスローブ 29
ハゼ 184
パセリ 51
パソコン 75
肌 160
バター 47
裸の 160
はたき 21
肌着 32
バタフライ 129
8 215
ばち 138
八月 201
蜂蜜 50
は虫類 175
ハッカ 50
ハッカー 77
ハツカネズミ 176
バッグ 66
パック 59, 132
バックスキン 67
バックナンバー 71
バックパッカー 85
バックハンド 123
バックミラー 102
バックル 30
発行者 68
発行部数 70
発送する 89
バッタ 188
ハッチ 108
パッチワーク 24
バッテリー 74, 103
〜発の 96
発表 153
発毛剤 60

派手な 31
ハト 185
パトカー 100
波止場 109
バドミントン 121
鼻 161
花 181
鼻風邪 163
鼻血 166
話し中 91
バナナ 53
鼻の穴 161
花びら 181
パナマ帽 34
花婿 6
鼻めがね 65
花屋 81
花嫁 6
歯並び 171
バニラ 49
バニラアイスクリーム 48
羽根 185
羽根布団 16
母 1
馬場 127
パパイヤ 53
ばば抜き 116
母の日 202
パフ 59
歯ブラシ 17
パプリカ 49
浜 191
葉巻 78
歯磨き粉 17
ハム 45
ハムスター 176
速足 127

索引

端役 143
林 178
ハヤブサ 186
腹 158
バラ 182
バラの月曜日 202
パラレル 130
針 24
針穴 24
貼り紙 150
バリカン 61
ハリケーン 197
バリトン 136
ハリネズミ 176
春 200
バルコニー 13
バルト海 191
パルメザンチーズ 47
春休み 152
バレエ 132
バレーボール 121
晴れた 196
バレッタ 61
パレット 141
バレリーナ 132
馬勒 127
ハロゲンランプ 72
バロック音楽 135
バロック様式 142
パワーショベル 100
版 68
パン 46, 146
半音 135
版画 140
ハンガー 13
ハンカチ 63
ハンガリー 208
ハンガリー語 212

パンク 106
パンクする 104
ハングル語 212
パン粉 46
番号 214
晩餐 37
パンジー 182
半熟卵 42
半ズボン 30
万聖節 203
帆船 107
絆創膏 173
伴奏する 139
反則 126
半袖シャツ 30
パンダ 175
はんだごて 25
パンチ 55, 157
ハンチング 34
パンティー 33
パンティーストッキング 33
判定勝ち 120
ハンド 126
バンド 65, 139
半島 192
ハンドクリーム 59
ハンドバッグ 63, 66
ハンドブレーキ 102
パントマイム 143
ハンドミキサー 23
ハンドル 102, 106
晩に 203
ハンノキ 179
バンパー 101
ハンバーガー 42
ハンバーグステーキ 41

反比例 214
パンプス 35
ハンマー 25
ハンマー投げ 128
パン屋 9, 81

ひ

日 201
ピアス 63
ピアノ 138
ピアノ奏者 138
ヒーター 72
ピーナッツ 53
ビーフシチュー 41
ピーマン 51
ヒイラギ 180
ビール 54
ビールジョッキ 44
ビオトープ 198
ビオラ 137
美学 154
皮革製品・皮革製品店 66
東 190
美顔術 60
ヒキガエル 176
引き算 213
引き出し 15
引き出す 92
非喫煙者 78
ビキニ 130
挽き肉 45
引き分け 120
轢く 104
びく 117
ピクニック 124
ヒグマ 175
ピクルス 50

— 254 —

索 引

髭・ヒゲ 162, 178
悲劇 142
髭を剃る 61
飛行機 111
飛行機事故 112
飛行場 110
膝 159
ピザ 84, 110
ピザ 42
ひさし 34
肘 159
肘掛け椅子 14
ひし形 214
ビジネスクラス 110
美術 139
美術館 79, 139
美術品 112
秘書 10
非常階段 86
非常勤講師 149
非常口 86, 112
翡翠 62
ビスケット 48
ピスタチオ 53
額 161
ビタミン 38
ビタミン剤 173
筆記試験 150
日付変更線 190
ピッケル 124
羊 177
羊肉 45
必修科目 153
ピッチ 125
ヒッチハイクする 85
ビット 77
ヒップホップ 137
ひづめ 177

ビデオカセット 73
ビデオカメラ・ビデオ
　テープ 73
ビデオデッキ 14, 73
ヒト 175
日時計 64
人差し指 159
一皿料理 40
ヒトデ 184
瞳 161
一人部屋 86
ひな 185
ヒナギク 181
避難小屋 124
避妊手段 173
日の入り 204
日の出 203
ヒバリ 185
ヒヒ 175
批評家 69
皮膚 160
皮膚科 168
ビフテキ 41
ヒマラヤ杉 179
ヒマワリ 182
姫 26
100 216
119番 90
ビャクシン 179
110番 90
百日咳 165
百万 216
100メートル競走 128
日焼け止めクリーム
　59
ヒヤシンス 182
冷やす 23
百科事典 70

ヒューズ 74
ヒョウ 175
表 214
雹 197
秒 204
病院 79, 168
美容院 60
氷河 194
病気・病気である
　163
表現主義 141
表札 13
氷山 194
表紙 67
拍子 135
美容師 9, 60
病室 170
美容術 60
標準装備 101
病床 170
秒針 65
病人・病人食 169
氷嚢 173
漂白剤 20
病名 163
評論家 69
ヒヨコ 185
平泳ぎ 129
平皿 44
ヒラタケ 180
ヒラメ 183
ビリヤード 113
ピル 173
昼興業 143
ピルスナービール 54
ビルディング 11
昼に 203
比例 214

# 索　引

ヒレ肉　45
披露宴　6
ビロード　31
広場　79
便　110
ピンクの　32
貧血　165
ヒンズー教徒　7
ヒンズー語　212
ピンセット　173
便せん　89
ビンディング　130
ピント　114
瓶ビール　54
貧乏な　20
ピンぼけ　114

ふ

部　71
ファーストクラス　110
ファイル　77, 157
ファインダー　114
ファウル　126
ファスナー　30
ファックス　73, 91
ファミコン　73
ファン　121
ファンデーション　59
フィールド　125
フィギュアスケート　132
フィヨルド　194
ブイヨン　41
フィリピン　206
フィルター付きタバコ　78
フィルハーモニー　136
フィルム　115
フィルムライブラリー　146
フィンランド　209
フィンランド語　212
フーガ　136
封切り　146
風景画　139
風刺画　140
風疹　164
ブーツ　35
フード　34
封筒　89
プードル　178
夫婦　1
風味　37
風力　197
風力エネルギー　199
プール・プールサイド　129
フェアプレー　121
フェードアウト　146
フェードイン　146
フェリー　107
フェルトペン　156
フェルト帽　34
フォアグラ　46
フォアハンド　123
フォーク　44
フォークダンス　132
フォークリフト　100
フォービズム　141
フォーマットする　76
フォルト　122
フォワード　125
フォント　77

フカ　183
部下　3
深皿　44
吹き替え　145
不協和音　135
布巾　24
拭く　21
複眼　187
複合競技　131
服地　31
複製　142
複線の　95
腹痛　166
服用する　172
ふくらはぎ　159
フクロウ　186
不合格になる　150
不時着　112
負傷　164
婦人科・婦人科医院　168
婦人服　28
婦人服店　81
不正乗車をする　97
付箋　157
ふた　22
豚　177
舞台　144
舞台監督　143
舞台芸術　142
舞台照明・舞台装置　144
舞台袖　144
双子座　190
豚肉　45
二人部屋　86
普段着　29
縁　34, 65

索 引

縁付き帽 33
プチトマト 51
縁なし帽 34
復活祭 202
仏教徒 7
仏像・ブッダ 7
物理学 155
筆 156
ブティック 81
埠頭 109
ブドウ 52, 180
舞踏会 132
ブドウ酒 53
太った 160
ふともも 159
フナ 183
ブナ 179
船底 108
船旅 109
舟釣り 116
船便で 89
船酔い 109
船 107
ブフェニヒ 93
吹雪 197
踏切 97
踏切板 128
不眠症 164
冬 200
冬日 196
冬服 28
冬休み 152
フライ返し 22
フライト 110
フライドポテト 42
フライにする 22
フライパン 22

フライフィッシング 116
フライング 128
ブラインド 13
ブラウス 29
プラグ 74
ブラシ 17
ブラジャー 33
ブラジル 211
ブラスバンド 136
プラタナス 180
ブラックコーヒー 48
フラッシュ 115
フラッシュバック 146
フラット 134
プラットホーム 97
プラネタリウム 188
プラム 52
フラン 93
フランクフルトソーセージ 46
ブランコ 27
フランス 207
フランス語 212
フランス料理 40
ブランデー 54
ブランデーグラス 44
フリーキック 126
フリースタイル 131
ブリーフ 33
フリーマーケット 80
振替・振替口座 92
振り子時計 64
振り込み 92
ブリッジ 116, 171
プリマドンナ 132
プリン 47

プリンター 77
プリントする 77
ブルーク 130
ブルース 137
フルート 138
ブルーベリー 52
ブルガリア 209
ブルゾン 29
ブルドーザー 100
ブルドッグ 178
プルトニウム 195
フルバック 125
古本 68
古本屋 69, 81
ブルマー 33
プレイガイド 146
プレイヤー 116
ブレーカー 74
ブレーキ 102, 106
ブレード 131
フレーム 65, 106
ブレザー 29
フレスコ画 140
ブレスレット 63
プレッツェル 46
フロアスタンド 14
ブローチ 63
プログラム 75, 136
ブロッコリー 51
フロッピーディスク 76
プロテスタント 7
プロペラ機 111
プロポーズ 5
ブロンズ 142
フロント・フロント係 86, 87
フロントガラス 101

索 引

プロンプター 143
分 204
文学 69, 155
文学史 69
文学博士・文学部 149
文芸書 69
文芸欄 70
文庫本 67
分子 214
噴水 79
分数 214
分度器 157
分娩・分娩室 171
分母 214
文房具 155
文房具店 81
粉末洗剤 20

へ

屁 167
ヘアクリップ 61
ヘアスタイル 61
ヘアスプレー 17, 60
ヘアトニック 60
ヘアドライヤー 17
ヘアネット 61
ヘアバンド 61
ヘアピン 61
ヘアブラシ 60
平均 214
平均台 133
平行な 214
平行棒 133
平日 202
閉店 57
平野 193
ベイリーフ 49

ページ・ページ数 67
ベースギター 139
ベースライン 122
ヘーゼルナッツ 53
ペーパーナイフ 157
ペーパーバック 67
ベール 63
壁画 140
へさき 108
ベスト 29
ペスト 165
ベストセラー 69
へそ 158
ペダル 106, 138
ペチコート 33
別荘 11
ベッド 15
ペット 177
ベッドカバー 16
ヘッドホン・ヘッドホンジャック 74
ヘッドライト 101
ベッドリネン 15
ヘディング 126
ベトナム 205
ベトナム語 212
ペナルティエリア 125
ペナルティキック 126
ペナルティポイント 125
ヘビ 176
ベビーカー 27
ヘビースモーカー 78
部屋 11, 86
部屋着 29
部屋の鍵 86

部屋履き 35
部屋番号 86
ベランダ 13
ペリカン 186
ヘリコプター 111
ベル 13, 106
ペルー 211
ベルギー 208
ペルシャ語 212
ペルシャ猫 178
ヘルスメーター 17
ベルト 30, 67
ヘルメット 34
ベレー帽 34
変 134
便器 17
勉強する 149
編曲する 135
ペンキを塗る 25
ペンギン 186
ペンケース 156
弁護士 8
ペン先 156
編集 68, 146
編集者 68, 71
返信 88
変装 29
変速機 106
変速レバー 102
ペンダント 63
ベンチ 117
ペンチ 25
便通 166
扁桃炎 163
便秘 166

ほ

帆 108

索 引

ホイールキャップ 101
望遠鏡 66
望遠レンズ 114
法学 154
法学部 149
方眼紙 156
砲丸投げ 128
箒 21
冒険 26
膀胱 163
帽子・帽子屋 33
放射性物質 195
放射線療法 170
防水の 65
宝石 61
宝石店 62, 81
宝石箱 62
包装 56
包装紙 57
包帯 173
棒高跳び 128
包丁 22
方程式 214
報道の自由 70
防波堤 109
〜方面 96
ボウル 22, 44
ホウレンソウ 51
頬 161
ボーイ 87
ボーイフレンド 2
ポーカー 116
ボーカル 139
ボーゲン 130
ホオジロ 185
ホース 118
ポーズ 140

ポーチ 66
ボート 107
ボードゲーム 113
ポートレート 114
頬髭 162
ほお紅 59
ホームページ 77
ポーランド 208
ポーランド語 212
ボール 133
ボールペン 156
牧場 127
ほくろ 161
ポケット 31
歩行者・歩行者天国 82
ホコリ 21
星 188
ポジ 115
ポシェット 66
母子手帳 171
干しブドウ 52
補習 152
墓石 7
保存する 77
菩提樹 179
帆立貝 184
ボタン 24, 31
ボタン穴 31
墓地 7
ホチキス・ホチキスの針 157
北海 191
北極 190
北極星 189
北極地方 191
ボックス席 144
発作 166

ほっそりした 160
ホットプレート 15
ポップ 137
ボディ 101
ポテトサラダ 41
ホテル 79, 85
歩道・歩道橋 82
ポニーテール 61
哺乳瓶 27
ほ乳類 174
骨 160
骨ばった 160
ボブスレー 131
ポプラ 179
ポマード 60
保養地 85
ホラー映画 145
ポラロイドカメラ 114
ポリエステル 31
ホルスター 67
ボルト 25
ポルトガル 208
ポルトガル語 212
ホルン 138
ボレー 123
ボレロ 136
ポロシャツ 30
ポロネーズ 136
ポロネギ 51
本 67
盆栽 113
本棚 16
盆地 193
ボンネット 101
本物の 63
本屋 9, 68, 81
翻訳する 68

索引

ま

マーカーペン 156
マーガレット 181
麻雀 113
マーチ 136
マーマレード 47
マイク 74
マイクロバス 104
埋葬 7
毎年 200
マウス 76
マウスピース 138
マウンテンバイク 107
前足 175, 178
前売り 147
前歯 161
マガジンラック 14
マカロニ 46
巻き毛 61
幕 142, 143
巻く 65
幕間 143
マグマ 193
枕・枕カバー 16
マグロ 183
負ける 120
孫 2
マジックペン 156
魔女 26
マス 184
麻酔 170
マスカラ 59
マスタード 49
マスト 108
マダガスカル 210
マタニティドレス 29

町 79
待合い室 97, 169
マチネー 143
松・松かさ 179
まつげ 161
マッシュルーム 180
マッチ・マッチ箱 78
マット 133
マットレス 16
松葉杖 170
マツユキソウ 182
窓・窓ガラス 12
窓側座席 111
マトン 45
まな板 22
学ぶ 151
マニキュア 59
マネージャー 120
麻痺 166
瞼 161
真冬日 196
マフラー 62, 101
魔法使い 26
魔法瓶 23
継子・継父・継母 2
マムシ 176
眉 161
繭 187
眉墨 59
真夜中に 203
マヨネーズ 50
マラソン 128
マリア被昇天祭 203
マルク 93
マルチメディア 77
丸鋸 25
マレーシア 206
マレーシア語 212

マロニエ 181
回り舞台 144
万 216
漫画 69
満月 189
マンゴー 53
マンション 11
慢性の 167
満タンにする 103
満潮 192
マンドリン 138
万年筆 156
万年雪 194
万力 25

み

ミートボール 41
見送る 111
磨く 21, 35
三日月 189
ミカン 52
幹 179
ミキサー 23, 72, 146
三毛猫 178
眉間 161
岬 192
ミサ曲 137
ミシン 24, 72
みじんに刻む 23
水 16, 48
湖 193
水瓶座 190
ミズキ 179
水着 130
水切りかご 24
水薬 172
水先案内人 109
水差し 44

— 260 —

索　引

水玉の　32
水鳥　186
ミスプリント　68
水割り　54
店　56
未成年の　5
ミソサザイ　186
見出し　71
道　82
道しるべ　124
三つ編み　61
三つ揃い　28
ミッドフィールダー　125
ミツバチ　188
三ツ星ホテル　86
密林　178
ミディアム　41
緑の　32
ミトン　62
港　109, 191
南　190
南アフリカ　210
南回帰線　190
南半球　190
見習い　10
ミニスカート　31
ミニバー　86
ミネラル　38
ミネラルウォーター　48
未亡人　1
見本　58
見舞い　170
耳　161
耳かき　17
ミミズ　188
ミミズク　186

耳たぶ　161
脈拍　162
ミュージカル　137
明後日　202
ミラーボックス　16
ミルク・ミルク粥　47
ミルク差し　45
ミンク　176
民宿　86
民族衣装　30
ミント　50
民謡　137

む

ムール貝　184
迎えにいく　111
麦わら帽　34
むく　22
婿　1
虫　187
無地の　32
虫歯　171
無重力　189
蒸す　22
息子・娘　1
無声映画　145
鞭　127
むち打ち症　164
霧笛　109
胸　158
胸肉　45
胸ポケット　31
紫の　32

め

目　161
芽　181
姪　2

明暗法　140
名刺　157
名所　85
メインディッシュ　41
雌牛　177
メーキャップ　59, 144
メーキャップ師　144
メーター　105
メーデー　202
目が覚める　167
目頭　161
眼鏡・眼鏡ケース　65
眼鏡屋　65, 81
女神　7
メキシコ　211
芽キャベツ　51
目薬　173
目覚まし時計　16, 64
目尻　161
目玉焼き　42
メドレーリレー　129
メトロノーム　135
メニュー　40
メモ用紙　156
メモリー　75
メリーゴーラウンド　27
メロディー　134
メロドラマ　143
メロン　52
面　122
綿　31
免疫　171
面会　170
免許証　103
免状　149
免税店・免税品　110

索 引

雌鶏 185
麺棒 23
麺類 46

も

藻 183
猛禽 186
猛獣 175
盲腸炎 164
毛布 16
モーターボート 107
モーニングコール 86
モカシン 35
木材 179
目次 67
木星 189
木造住宅 11
木炭画・木版画 140
木曜日 202
モグラ 176
モクレン 180
文字盤 64, 90
模写 142
モイスチャークリーム 59
模造品 63
モチーフ 134, 140
木管楽器 138
木琴 138
モップ 21
モデム 77
モデル 140
モニター 76
物置 11
モノクロ映画 145
モノクロ写真 113
物差し 157
物干し台 20

ものもらい 164
モノレール 95
喪服 28
モミ 179
モミジ 180
桃 52
もも肉 45
もや 196
モヤシ 50
森 178
モロッコ 210
門 11
モンゴル 205
モンゴル語 212
モンスーン 197
モンタージュ 146

や

八百屋 9, 80
やかん 22
ヤギ 177
焼き網 15
山羊座 190
焼きソーセージ 42
野球 121
野球帽 34
夜勤 87
焼く 21
薬学 155
薬剤師 172
訳者 68
薬草 172
薬味 49
火傷 164
夜行列車 95
野菜 50
ヤシ 181
野獣 175

安い 57
休み時間 151
ヤスリ 25
野生動物 174
痩せた 160
夜想曲 136
屋台 80
家賃 19
薬局 81, 172
ヤドカリ 184
ヤドリギ 180
ヤナギ 180
屋根 13
屋根裏部屋 11
やぶ 180
山 193
山小屋 124
ヤマネ 176
山道 124
ヤマメ 184
やもめ 1
ヤモリ 176
やり投げ 128
柔らかい 32

ゆ

湯 16
遊園地 27
夕刊紙 70
友情 3
優勝カップ・優勝者 120
夕食 37
友人 3
ユースホステル 86
Uターンする 83
郵便受け 13
郵便為替 89

索 引

郵便局 79, 88
郵便局員 88
郵便小切手 89
郵便配達人 88
郵便番号 89
郵便物 88
郵便振替 89
郵便ポスト 88
郵便料金 88
裕福な 20
遊覧 85
遊覧船 107
有料道路 82
ユーロ 93
床 12
床運動 133
雪 197
雪合戦・雪だるま 131
雪の結晶 197
油彩画 140
油性絵の具 156
ユダヤ教徒 7
湯たんぽ 16
ゆでる 21
ユニフォーム 29
指 159
指ぬき 24
指輪 63
弓 138
ユリ 182
湯沸かし 22

よ

宵の明星 189
陽画 115
溶岩 193
養子・養女 2

幼稚園 148
幼虫 187
曜日 202
洋服ダンス 15
洋服屋 28
養父母 2
ヨーロッパ 207
ヨーロッパ都市間特急 94
預金残高 92
預金する・預金通帳 92
浴室・浴槽 16
予告編 145
横町 82
ヨシ 183
予選 119
涎 167
よだれを垂らす 167
酔っている 55
ヨット 107
酔っぱらい 55
呼び鈴 13
予防接種 171
予防接種証明書 110
嫁 1
予約 110, 171
予約購読 71
予約する 40, 87, 111
予約を取り消す 87
ヨルダン 207
夜に 203
鎧 127
鎧戸 13
世論・世論調査 71
弱い・弱々しい 160
四輪駆動車 101

ら

ラーガービール 54
雷雨 196
ライオン 175
来月・来週 201
来週の今日 201
ライター 78
ライチ 53
ライトウイング 125
ライトバン 100
ライトモチーフ 134
来年 200
ライ麦 46
ライ麦パン 47
雷鳴 197
ライラック 180
ラインズマン 126
楽園 7
ラクダ 175
落第する 150
ラグビー 121
ラケット 122
ラジエーター 103
ラジオ・ラジカセ 73
羅針盤 108
ラズベリー 52
裸体画 140
落花生 53
ラッシュアワー 83
ラディッシュ 50
ラテンアメリカ 211
ラテン語 212
ラピスラズリ 62
ラブゲーム 123
ラベル 156
ラベンダー 182
ラマ 175

— 263 —

索引

ラム 45
ラム酒 55
ラムネ 49
ラン 182
乱視の 66
ランタン 124
ランドセル 66, 152
ランナー 128
ランニングシャツ 33
ランプ 14

り

リアシート 101
リーグ戦 119
リール 117
理科 153
リキュール 55
陸上競技 128
陸地 191
リクライニングシート 104
リコーダー 138
離婚 6
リサイクル 199
利子 92
リス 176
リズム 134
リセットスタート 76
利息 92
リターナブルびん 199
陸橋 97
立像 142
リップスティック 59
リップライナー 59
リトグラフ 140
リニアモーターカー 95

リハーサル 143
理髪師 9
理髪店 60
リハビリ 170
リビア 210
リビング 14
リフト 130
リベロ 125
リポーター 71
リボン 57, 133
リムジン 101
リモコン 73
竜 26
流域 192
流感 163
リュージュ 131
流星 188
留年する 151
流派 141
リューマチ 165
リュックサック 123
寮 11, 153
両替・両替所 93
料金所 82
漁師 9
理容師 60
領収書 57
両親 1
両生類 175
猟鳥獣料理 42
料理 40
料理学校 149
料理する 20
旅客 95
旅客機 111
緑茶 48
旅行・旅行ガイド 84
旅行鞄 66

旅行先 84
旅行シーズン 85
旅行者・旅行傷害保険 84
旅行代理店 82, 84
旅行日程 84
旅行バッグ 67
旅行用品 84
旅費 84, 96
リラ 180
離陸する 111
リレー 128
リンク 131
リンゴ 52
リンゴ酒 54
リンゴジュース 49
リンゴのパイ皮包み 42
臨時列車 95
隣人 3
リンス 17, 61
倫理学 154

る

ルーズリーフ 156
ルーフ 101
ルーマニア 209
ルームサービス 86
ルームメイド 87
留守番電話 91
ルネサンス様式 142
ルビー 62

れ

レア 41
0 215
レイアウト 68
礼儀作法 37

索 引

冷却装置 103
冷蔵庫 15, 72
霊長類 175
冷凍庫 15
冷凍食品 50
冷凍する 22
礼服 28
冷房 72
レインコート 30
レインハット 34
レーキ 118
レーシングカー 100
レース 31
レーヨン 31
レール 97
レオタード 33
レガッタ 122
歴史 154
レクイエム 137
レコード 73
レコード店 81
レコードプレーヤー 73
レジ 57
レシート 57
レシーブ 122
レストラン 39, 80
レタス 51
レッカー車 100
列車 94
レッテル 156
列島 192
レッドカード 126
レバーペースト 46
レバノン 207
レビュー 133
レフトウイング 125
レフリー 126

レプリカ 142
レポート 153
レポート用紙 156
レモン 52
レリーフ 141
恋愛映画 145
レンズ 65, 114
レンズ豆 50
レンタカー・レンタカー店 100
レントゲン写真 169
連邦道 82

ろ

聾唖学校 149
廊下 12
老眼鏡 65
老人 6
老年期 6
ローション 59
ローストチキン 41
ローストポーク 41
ローズマリー 49
ロータリー 83
ロードローラー 100
ローヒール 35
ローファー 35
ロープウェー 95, 130
ローラースケート 122
ローリエ 49, 180
ローン 19
ローンコート 122
6 215
録音・録音技師 146
録音する・録画する 74

六月 201
ロケット 63
ロココ様式 142
路地 82
ロシア 209
ロシア語 212
露出・露出オーバー 114
露出計・露出時間 114
露出不足 114
ロゼワイン 53
路線バス 104
六角形 214
ロッキングチェア 14
ロック 137
ロッククライミング 123
肋骨 160
露店 80
ろば 177
ロビー 86, 145
ロブ 123
ロブスター 184
ロマン音楽 135
ロマン派 141
ROM 76
路面電車 94
ロングショット 146
ロングスカート 31
論説委員 71
ロンド 136
論理学 154

わ

輪 133
ワードローブ 15
ワープロ 76

— 265 —

索 引

ワイパー 101
ワイン 53
ワイングラス 44
和音 135
若い 5
沸かす 21
若者 5
わが家 1
腋 159

惑星 188
ワクチン 171
ワサビ 49
ワシ 186
和食 40
渡し船 107
渡り鳥 187
ワニ 176
鰐革 67

わり算 213
割付 68
割引 57, 96
ワルツ 136
湾 191
ワンツーパス 126
ワンピース 28

目録進呈 落丁本・乱丁本はお取替えいたします。

平成14年5月30日　Ⓒ第1版発行

編　者	新 しん保 ぼ雅 まさ浩 ひろ
	草 くさ本 もと　晶 あきら
発行者	佐　藤　政　人

ドイツ語分類単語集

発　行　所
株式会社　大学書林
東京都文京区小石川4丁目7番4号
振替口座　00120-8-43740
電　話　(03)3812-6281〜3番
郵便番号112-0002

ISBN4-475-01155-8　TMプランニング／横山印刷／文章堂製本

大学書林 語学参考書

岩崎英二郎 著	ドイツ語不変化詞の用例	B6判	352頁
前島儀一郎 著	英独比較文法	A5判	288頁
小島公一郎 著	ドイツ語史	A5判	312頁
塩谷 饒 著	ドイツ語の諸相	A5判	214頁
渡辺格司 著	低ドイツ語入門	A5判	202頁
古賀允洋 著	中高ドイツ語	A5判	320頁
浜崎長寿 著	中高ドイツ語の分類語彙と変化表	B6判	174頁
藤代幸一／檜枝陽一郎／山口春樹 著	中世低地ドイツ語	A5判	262頁
工藤康弘／藤代幸一 著	初期新高ドイツ語	A5判	214頁
髙橋輝和 著	古期ドイツ語文法	A5判	280頁
浜崎長寿／乙政 潤／野入逸彦 編	日独語対照研究	A5判	248頁
小柳篤二 著	新しい独文解釈法	B6判	416頁
乙政 潤／ガイド・ヴォルデリング 共著	ドイツ語ことわざ用法辞典	B6判	374頁
乙政 潤 著	入門ドイツ語学研究	A5判	200頁
浜崎長寿 著	ゲルマン語の話	B6判	240頁
下宮忠雄 編	ゲルマン語読本	B6判	168頁
島岡 茂 著	仏独比較文法	B6判	328頁

―目録進呈―

大学書林

語学参考書

著者	書名	判型	頁数
藤代幸一 岡田公夫 著 工藤康弘	ハンス・ザックス作品集	A5判	256頁
塩谷饒 著	ルター聖書	A5判	224頁
浜崎長寿 松村国隆 著 大澤慶子	ニーベルンゲンの歌	A5判	232頁
戸沢明 訳 佐藤牧夫・他訳	ハルトマン・フォン・アウエ 哀れなハインリヒ	A5判	232頁
赤井慧爾・他	ハルトマン・フォン・アウエ イーヴァイン	A5判	200頁
尾崎盛景 著 高木実	ハルトマン・フォン・アウエ グレゴリウス	A5判	176頁
山田泰完 訳著	ヴァルター・フォン・デア・フォーゲルヴァイデ 愛の歌	A5判	224頁
須沢通 著	ヴォルフラム・フォン・エッシェンバハ パルツィヴァール	A5判	236頁
古賀允洋 著	クードルーン	A5判	292頁
佐藤牧夫・他	ゴットフリート・フォン・シュトラースブルク 「トリスタン」から リヴァリーンとブランシェフルール	A5判	176頁
岸谷敏子・他訳著	ミンネザング	A5判	312頁
岸谷敏子 柳井尚子 訳著	ワルトブルクの歌合戦	A5判	224頁
新保雅浩	古高ドイツ語 オトフリートの福音書	A5判	264頁
斉藤治之 著	古高ドイツ語 メルクリウスとフィロロギアの結婚	A5判	232頁
藤代幸一 監修 石田基広 著	中世低地ドイツ語 パリスとヴィエンナ	A5判	212頁

―目録進呈―

浜崎長寿・乙政　潤・野入逸彦編集

「ドイツ語文法シリーズ」

第Ⅰ期10巻内容（※は既刊）　A5判

第1巻
※「ドイツ語文法研究概論」　浜崎長寿・乙政　潤・野入逸彦

第2巻
「名詞・代名詞・形容詞」　浜崎長寿・橋本政義

第3巻
「冠詞・前置詞・格」　成田　節

第4巻
「動詞」　浜崎長寿・野入逸彦・八本木　薫

第5巻
※「副詞」　井口　靖

第6巻
「接続詞」　村上重子

第7巻
※「語彙・造語」　野入逸彦・太城桂子

第8巻
「発音・綴字」　野入逸彦

第9巻
※「副文・関係代名詞・関係副詞」　乙政　潤・橋本政義

第10巻
※「表現・文体」　乙政　潤

―目録進呈―